嘘だらけの日本中世史

倉山 満
Mitsuru Kurayama

目次

第二章　南北朝時代　正論が通らなくなる呪い

第三章　室町時代　なぜ天皇家は続いたのか……157

はじめに

敗戦後ながらく、「特攻隊なんて犬死にだ」との歴史観が支配してきました。論外の言説です。

まだ見ぬ未来の我々の為に、自分の命を差し出して死んでくれた方々は、無条件で尊いに決まっている。そんな方たちを罵倒して商売をやってきた戦後左翼とは何だったのか。

そういう商売をしている人々が、昔は「革新」とか「進歩的文化人」を名乗り、最近は「リベラル」に衣替えしていますが、大多数の普通の日本人からは「パヨク」として白眼視されています。自分たちを「大衆から超越したインテリ」と思い上がりながら、その普通の人たちの集まりである大衆からは「頭がパーの左翼」だから「パヨク」と見透かされています。そういう言説が時代遅れになり、普通の人々から呆れられるとは、いい時代になったものです。

では、逆は真なりで、特攻隊を無条件で賛美して良いのか？

繰り返しますが私は、特攻隊に限らず、自分の命を差し出して死んでくれた方々は、無条件で尊いと考えています。しかし、死んでくれた方々と、死なせた連中はまったく別です。特に「犬死に」と罵倒されるような死なせ方をした連中は。

大東亜戦争末期、「楠公精神」が絶叫され、「菊水部隊」が編成され、「菊水作戦」が実行され、大敗してしまいました。楠公とは楠木正成のこと、菊水とは楠木一族の旗印です。楠木正成は戦前まで日本最大のヒーローと言っても良い存在、戦後は皇国史観の象徴のように扱われてきました。敗戦前と戦後の価値観の急転を象徴するような人物です。日本近代史の研究者にとっても「楠木正成とは何だったのか」は避けて通れない命題です。だから、本書で取り組みます。

もっとも、令和の現代では楠木正成がそれほど有名でもなくなったのですが、今あげたような問題を日本人が消化したとは思えません。

そして、「国を守るとはどういうことか」を考えてほしいと思います。


さて本書は、日本近現代史を出発点として、神話から現代までを網羅する皇室史学者を名乗るようになった著者による、「これくらいは知っておきたい日本中世史の本」です。レベルとしては、日本近代史の大学教授が学部生を相手に「日本史」という授業を持たされて中世を語るときにはこれくらいは語れて当然だろう、くらいのお話です。大学の先生が「私は満洲事変が専門なので楠木正成は知りません」なんて学部一年生を相手に言ってたら、「日本史」なんて授業は成立しません。実際、成立していない授業が、日本国の大学の大半のようですが。自分の隣接分野を語れなくて、何が学者なのか。

それはさておき、皇室史の立場からすると、古代史が「天皇家って何なの？　どういう始まり方をした存在なの？」が主題であるならば、中世史では「なぜ天皇家は続いたの？」との疑問に取り組むことになります。

古代の天皇は、最強の権力を持つ存在でした。その権力を奪われ、取り返し、そして自ら手放し、今に至ります。ときどき取り返そうとする天皇も出てきますが、手放したままです。

古代の蘇我氏から現代に至るまで、その気になれば皇室を潰すことのできる力を持った権力者は数知れず現れました。しかし、誰も潰すことはできませんでした。特に、敗戦後は外国に占領され、ダグラス・マッカーサーという皇室に何のありがたみも感じない外国人に支配されましたが、そのマックでさえ我が皇室を潰すことはできませんでした。

では、なぜ誰も、皇室を潰すことができなかったのか？

戦時中までは、「なぜ天皇が必要なの？」という質問に答えるのは簡単でした。「神様の子孫だからです」で終了でした。これを別名、「皇国史観」といいます。しかし敗戦で、その理屈は使えなくされました。

ついでに言うと、「神様の子孫です」という理屈は、余計に皇室が潰される理由にしかなりません。マッカーサーは、「死んだら神様になれる」と日本人が信じているからと靖国神社に徹底弾圧を加えましたし、「立派な日本人を育てる穏当な教えだ」と日本人が力説したので教育勅語を廃止させました。日本の総力を潰しに来た占領軍からしたら、「神様の子孫」を中心にまとまっている日本民族の心のよりどころである皇室なんて、潰すに越したことありません。

しかし現実には、マッカーサー率いる占領軍に、皇室を潰すことはできませんでした。潰さなかったのではなく、潰せなかったのです。

実は、マックのように武力を使って圧力をかけてくる権力者のあしらい方、皇室には奥義があるのです。その奥義は、中世史を見れば明らかです。

敗戦により占領されても、ギリギリのところで本物の滅亡を回避した日本。

国を守るとはどういうことなのか、皆様に考えていただければと思います。

※本書は原則として西暦表記、随時、元号と併記します。

序章　中世と現代を読み解く平安の論理

第一節　平安時代は政治に殺し合いを持ち込まない

天皇は神様の子孫です。何をやっても良い存在です。だから第五十代桓武天皇（在位七八一～八〇六年）までは、支配者として振る舞いました。もっとも、本当に独裁者として振る舞えた天皇は何人もいません。基本は、豪族との衆議で政治を行いました。

その後、天皇は自ら権力を手放します。契機となる大事な天皇は、第五十二代嵯峨天皇で（在位八〇九～二三年）、桓武天皇の次男です。兄の第五十一代平城天皇（在位八〇六～〇九年）が病弱なので、譲位されます。ところが八一〇年、引退したはずの平城上皇は、弟の嵯峨天皇に対して奪権闘争を挑みます。この闘争は、上皇の側近の藤原薬子の名から、薬子の変と呼ばれます。あやうく南北朝の動乱が五百年早く出現しかねませんでしたが、変は三日で嵯峨天皇の勝利に帰します。壬申の乱を一か月で勝利した天武天皇は絶大なカリスマで独裁者になりましたから、嵯峨天皇もやろうと思えば同じことができたはずです。

ところが嵯峨天皇は、そういうことをしません。薬子は自害に追い込み、その兄の藤原仲成も変の最中に射殺しましたが、平城上皇は出家したので赦《ゆる》します。いわば「敗者出家制」です。これを最後に、死刑が約三百五十年間も廃止されます。

この三百五十年間は「政治の争いを武力で決着させてはならない」が掟となるのです。少なくとも、建前として成立します。

建前と言うのは、平安貴族は『少年チャンピオン』に出てくる不良のような真似を、日常的にやってますので。花山天皇に「俺の門の前を通ってみろ」と挑発されたので、藤原隆家が武士を数十人引き連れて通ろうとしたら、天皇は何倍もの人数で待ち構えていたとか。死人が出る乱闘事件も枚挙に暇がありません。そういう話を集めたのが、繁田信一『殴り合う貴族たち』（柏書房、二〇〇五年）です。いちいち面白い逸話集です。ただ、不良の喧嘩で死人が出ることはあっても、それは不祥事であるとの認識がありました。

近代の西洋の話ですが、「田畑でハンティングを行ってはいけない」というお触れを出したら農業の生産性が上がったとか。つまり「人間狩り」をやっていたとか。西洋と比較すると、日本人の穏健なメンタリティーがわかろうものです。

第二節　なんだかんだと天皇不親政がはじまった

それ以前の古代と決別した「人を殺して政治の争いを決着させてはならない」は、平安の掟となります。平安時代は一般に七九四年の平安京遷都から数えられ、次の鎌倉時代は実質的に源平合戦（治承寿永の乱＝一一八〇〜八五年）の頃に始まりますが、この約四百年弱の平安時代の末期から、中世が始まることとなります。

日本中世史を読み解く上で、平安時代に生まれた特徴的な三つの政治形態を知っておく必要があります。

第一が、「天皇不親政」です。嵯峨天皇在位の途中から、このようになりました。これは現代に至る立憲君主制の原型となります。嵯峨天皇は独裁的な振る舞いはせず、何事も臣下に任せて、大事なことにのみ手綱を握ります。力のある天皇（譲位してからは上皇）だったので、日頃の政治は臣下に任せても、権力を奪われることはなかったのです。そして天皇（後に上皇）本人は、文化事業に没頭します。こういう姿勢を、北畠親房が『神皇正統記』で絶賛しています。

そんな嵯峨上皇が承和九（八四二）年に崩御。ここから、本来は支配者であるはずの天皇のあり方が、変化していきます。上皇崩御直後に承和の変が起こり、藤原良房が摂関政治への道を開くのですが、そこは長くなるので省略。

嵯峨天皇より後の天皇は力が無く、藤原氏の傀儡のようにしか見えない存在に成り下がってしまいました。自ら権力を手放すのと、他人に奪われるのは、似て非なるのです。

ここで、学者でも憲法学（特にイギリス憲法と大日本帝国憲法）を理解していないと、誤解してしまう概念を知っておいてください。立憲君主と傀儡の違いです。立憲君主は、権限があるのに自ら手放して、権力を振るわない君主です。その気になれば、取り返せます。傀儡は、権力を振るわせてもらえない存在です。権力を取り返せません。近代憲法の理解などありえない平安人の目から見れば、当時の天皇は単なる傀儡にしか見えないでしょう。近代になっても、明治天皇は立憲君主制の概念が最初はよくわからず、徐々に理解していったくらいですから。ただ、その中身がどうであれ、平安時代に「天皇不親政」が定着し、形を変えながら現代まで続いてきたのは事実です。

古今東西、多くの王朝の君主が権力を独占したので、力を無くした瞬間に力を持った者に奪われる、の繰り返しです。ただ一つ例外が我が国の皇室で、政治権力を振るわなかったので、誰もその地位を奪いに来なかったのです。

第三節　摂関政治とは、どんな権力者も皇族にだけはなれない掟

三つの政治形態の第二が、「摂関政治」です。天皇不親政の一形態として行われました。摂政とは天皇の代行者、関白とは天皇の第一の補佐です。百年、二百年かけて先例を蓄積

し、慣習法として確立され、日本史教科書が書いているような「天皇の幼少期の代行者が摂政で、成人してからの補佐役が関白」のような運用になっていきます。摂関は藤原氏に独占されます。後に「五摂家」といって、藤原氏の最高家格の人たちに独占されます。

ここで大事なことです。皇室は、藤原氏の最高権力者にすべてを与えました。皇族の形式以外のすべてを。事実、歴代藤原摂関家の実力者は、上皇や天皇の代行者となりました。だから、「准皇族」の待遇も与えました。しかし、あくまで「准」じる存在であって、皇族の形式だけは与えません。この形式ただ一つが無いことで、皇位継承権という実質を得られません。そして、歴代藤原氏最高権力者は、「皇族になる」以外のすべての実質を得ているので、それ以上を求めようとしなかったのです。

たとえば、藤原良房です。良房は長年の功績として、皇后・皇太后・太皇太后の三后に次ぐ待遇を与えられます。後に准三后（准后とか准三宮とも）と呼ばれる地位に就きます。この時、良房は六十七歳。「今から皇族、そして天皇になろう」などと考えるはずがありません。実際、翌年に死去しています。与える側も、そういうことを考えて「准皇族」の地位を与えているのです。権力は与えても、現実の政治状況の中で生き残るのが、平安の知恵です。

仮に、すべての実質を得た者が、形式をも得ようとしても、さらなる多くの壁を設定していたのです。天皇がいて、三后がいて、皇族がいて（男だと、親王と王がある）、さらに臣下から嫁いだ貴族の娘（基本的に藤原の娘）も皇室の一員で、と天皇の外に多くの壁があるのです。

皇室を凌駕する権力者は多く現れましたが、皇統に属しない一般人男子、つまりパンピーが皇室に入ったことは一度もありません。なれるのは、准皇族までなのです。

第四節　「院政」を行える条件は誰よりも政治に詳しいこと

三つの政治形態の第三が、院政です。

繰り返しますが、摂関政治の時代も建前は天皇親政です。成文憲法にあたる律令は、天皇親政を前提にした法典です。しかし現実には、不文法で摂関政治をやっています。そっちの方が上手くいくので。となると、藤原氏に権力を奪われたままの格好の皇室としては、奪い返したくなる人物が出てもおかしくありません。

後三条天皇（在位一〇六八〜七二年）は、摂関家の権力独占からの脱却を図り、成功します。久々の傀儡ではない天皇として、評判でした。しかし、親政は四年で終わり、体を壊してお亡くなりになります。

後三条天皇の息子が白河天皇（在位一〇七二〜八六年）で、院政を始めます。白河天皇は何か政治的ビジョンがあったというより、成り行きで院政を始めたようなところがありました。七歳の息子の堀河天皇（在位一〇八六〜一一〇七年）に譲位したものの、堀河帝が二十代の若さで崩御してしまったこともあり、孫の鳥羽天皇（在位一一〇七〜二三年）の代まで、白河上皇（出家してからは法皇）が院政を行います。藤原摂関家と対立した父の後三条天皇と違い、かなり妥協的でした。ただ、上皇になってからの白河は、専制君主としての権力を振るいます。摂関政治では形式上は上に天皇がいますが、時の天皇の父や祖父だった白河には恐れる者は何もありません。白河・鳥羽・後白河・後鳥羽の各上皇は「治天の君」と呼ばれました。意味は「この世の支配者」です。もっとも実態を伴ったのは白河・鳥羽の二代だけでしたが。

現代でも、辞めた最高権力者が実権を握り「院政」と呼ばれることがあります。では、「院政」を行える条件とは何か。白河上皇が院政を行えた第一の条件は、天皇の父親であること、でした。白河法皇は、祖父として引き続き院政を敷きました。

天皇とは、朝廷の公式の地位です。天皇の父は、私的に天皇より偉い存在です。では、どっちが偉いか。それを決めるのは、公家の何となくの多数決です。「みんなが認める人」が最高権力者になるのです。では、どうすれば認められるか。誰よりも政治に詳しいことです。この場合の「詳しい」とは、みんなが持ち込む難題を解決できる能力があることです。

この意味で、藤原氏の最高実力者、四人の治天の君、後の鎌倉幕府の執権や内管領、現代の田中角栄や竹下登と、本質は変わりません。公式の最高権力者よりも政治に詳しい。どこをどう押せばどうなるかをわかっていて、実際に解決できるから人が集まり、最高権力者となるのです。天皇の父である上皇が、天皇より政治治に詳しくなるのは当たり前です。

院政期、昼の朝廷に対し、治天の君の家に側近が集まり院の近臣と呼ばれましたが、実態は「夜の朝廷」でした。昼間の朝廷では中級公家なのに「夜の関白」と呼ばれる、葉室顕隆なんて人も出てきます。

ちなみに天皇は「東宮の如し」などと、「昔で言えば皇太子みたいなもの」と軽く扱われるようになりました。原典は、九条兼実の日記『玉葉』の中の一一九〇年、源頼朝が上洛した際に兼実に言った「天子は春宮の如くなり」です。

現代でも、上は「政界の闇将軍」から、下は中小企業のオヤジまで、「院政」が大好きです。戦国大名は、お父さんが現役の内に家督を後継者に譲り、ＯＪＴをやらせたりします。ちなみに天皇制批判の総本山のような日本共産党でも、田村智子委員長がいても、志位和夫議長が上座に座って誰一人疑いません。日本共産党の中では志位さんが治天の君で、今の委員長は東宮の如し？　院政って、日本人の体質に合っているのかもしれません。田村さんもＯＪＴ？

それはさておき、摂関政治に加えて院政が行われるようになっても、天皇不親政は続いています。

第五節　本当は日本に「中世」など無い

さて、世の中で信じられている通説をあげて、片っ端から否定していく「嘘だらけ」シリーズ。

通説

日本史においては、古代とは貴族の時代、中世とは武士の時代、近代とは明治維新

以後で、中世ではないけれども近代でもない中間の時代を近世とする。

概ね間違いではありません。私は「一一五六年の保元の乱で始まり、一五九〇年の小田原征伐で戦国乱世が終結した辺りまで」を中世と考えて良いと思います。本書では便宜的に織田信長までを扱いますが、信長の事業を完成させた豊臣秀吉で中世が終わったと考えて構わないと思います。

さて、ヨーロッパ人が考えたような意味では、日本に中世など存在しないと断定して良いです。彼らの歴史観は、「人類の曙から発展してきたのが古代で、いきなりストンと真下に落ちて停滞した暗黒の世紀が中世で、そこから鍋底型に急に上がってくるルネサンスがあって近代になる」です。要するにローマ帝国が蛮族に滅ぼされたのが悔しいけど、ルネサンス（意味は再生）からはまた右肩上がりだ、と言いたいようです。最近は、「ウチの中世でも人口は増えているし、発展してるんだ」と「暗黒の世紀ではない」と言いたいようですが。

では我が国に何か、滅びるようなことがあったでしょうか？　別にゲルマン民族に攻め込まれてません。ついでに言うと「日本のルネサンス！」って言う人いますが、何を再生させるのか。あっちの場合は「中世以前のギリシャ・ローマの偉大な文化の再生」って意味があるのでわかるのですが。

こういうこと、古くは石田一良『大世界史12　日本の開花』（文藝春秋、一九六八年）でも書かれています。石田先生は、日本思想史の第一人者です。

我が国の「中世」は、便宜的な時代区分と捉えればよいでしょう。

さて、我が国の中世を「武士」の時代だとします。「武者」と言っても良いです。代表的な武士は、源氏と平氏です。

子沢山だった嵯峨天皇は、皇子たちに源の姓を与え、臣籍降下させました。以後の歴代天皇の多くも皇位を継がない皇子たちに源氏の姓を与え、皇室の藩屏とします。賜姓源氏と言われます。その中には源高明のように朝廷の最高位に上る公家も輩出しています。ただ、多くは高級貴族のガードマンか用心棒のような存在です。侍の語源は「傍にいる」という意味の「さぶらふ」です。謀反が起きれば討伐に行くような真面目な（？）合戦もありますが、高級貴族の喧嘩に駆り出されたりもします。多くは地方に降り、土着の田舎貴族となります。その中で最も有名なのが、清和源氏です。清和源氏嫡流の子孫が源頼朝で、傍系子孫が足利尊氏です。この二人が幕府を開くのは、はるか後世のこと。

平氏は桓武・仁明・文徳・光孝の四人の天皇を祖とする武士たちです。院政以前には源氏と違い、浮かばれません。その筆頭が平将門。

将門は都で出世したいと〝就活〟をしましたが、まるで成功せず。地元の茨城県（常陸国）に帰ってみれば、叔父と所領の奪い合い。朝廷は、最初は「勝手にやってろ」と放置してたのですが、将門はいつのまにか役人同士の争いに巻き込まれていました。戦っている内に朝廷を敵に回し、何を血迷ったか「新皇」などと名乗り、討伐されました。

これが平将門の乱（九三五〜四〇年）ですが、さすがにこの事件を中世のはじまりとするには早すぎます。まだまだ多くの源氏や平氏は、公家に使われる兵隊にすぎません。自らの政治意思を持ち、「公家」に対抗する「武家」になるのは、はるか先です。

ときどき、平将門の乱を中世の開始とか言う人を見るのですが、じゃあその百年後に藤原道長・頼通親子が摂関政治の全盛期を築くのはなんなんだ、となります。「政治の争いを武力で決着させてはならない」との掟は守られているのです。

もっとも、武士が公家を完全に凌駕したのは一二二一年の承久の乱と捉える人もいます。それを中世の開始にするのは、さすがに遅すぎだと思いますが。

では武士が、公家を凌駕する力を持つのはいつのことか。

その契機となる事件を、保元元（一一五六）年の保元の乱だと考えます。なぜなら、「政治の争いを武力で決着させてはならない」との掟が破られたからです。

保元の乱は、治天の君であった鳥羽法皇の崩御に伴う跡目争いです。崇徳上皇と後白河天皇が争い、摂関家も分かれて抗争、両派ともに源氏と平氏を味方につけて殺し合いを始めました。結果は、平清盛を味方につけた後白河天皇の完勝です。

この乱では死刑が復活、敗軍の将は斬首されました。やがて、平氏ついで源氏が権力を握っていくきっかけとなる、大事件です。政治を武力で決着させるなら、武力を持つ武士が力を持つのが当然です。最初は武士を使っていた公家も、逆に使われる存在となっていきます。

第六節　神学論争——平清盛は公家か武家か

本書は日本中世史の本です。だから、先行研究の議論を踏まえねばなりません。

中世の捉え方について、日本中世史学界には、〝神学論争〟があります。「東国国家論」と「権門体制論」で、前者は東大系で後者は京大系。研究者たちは「キリスト教とイスラム教の如く争っている」と自嘲しています。前者は佐藤進一先生、後者は黒田俊雄先生が唱えました。

大根切りにすると、中世の朝廷には武力が無いから実力もないとするのが「東国国家論」で、武力が無くても実力があったとするのが「権門体制論」です。前者は、「この世を決するのは最終的に武力なのだから」が事実認定の根本で、後者は武力以外の要素も軽視できないとします。前者にかかると鎌倉幕府は朝廷から事実上独立した国家のような存在だから「東国国家論」で、後者からするとその鎌倉幕府も朝廷の権威の下にあるのであり、武力以外の多くの要素からこの世は成り立っていて中世においても権門の力は侮れないから「権門体制論」です。権門とは朝廷と寺社の事です。

どちらが正しいかと聞かれても、どちらも正しいとしか言いようがないのです。それぞれ何十年も、非常に精緻な議論を積み上げています。同じものをどちらの見方で理論立てできるかの違いです。ただ、まったく違う結論に至ることだらけです。まず一例を。

平清盛（一一一八～八一年）は公家でしょうか、武家でしょうか。平家政権が公家政権なのか武家政権なのかという結論が、この権門体制論と東国国家論、二つの宗派、じゃなかった、学派によって分かれます。

平清盛は朝廷から官位をもらっているから偉いのだ、と考えれば平清盛は公家です。武力で朝廷の官位をもらったのだ、と考えれば平清盛は武家です。

しかし、これは、どちらも正しいのです。事実、清盛は公家として頂点を極めた武家ですから。その軍事力により後白河法皇に取り立てられ、その法皇をも幽閉する権力を持ちました。どちらの見方も成立します。言わば〝神学論争〟です。

清盛死後に平家政権を滅ぼした源頼朝は、明らかに中世の武家の頭領です。それでも晩年は娘を天皇に入内させようとして急速に公家化していくようなところもあるのですが。

東国国家論と権門体制論の論争は、結局は「中世になって朝廷ってどれくらい力があるものなの?」という論争ですから、誰が見ても朝廷が全く力をなくした室町時代においては、ほぼ意味がなくなります。それでも踏まえておいた方が良い理論です。

室町幕府最後の将軍の足利義昭は、備後国の鞆《とも》(現在の広島県福山市)に「鞆幕府」とも呼ばれる亡命政権を立てていた、という説があります。日本中世・近世史家の藤田達生氏が提唱している説です。鞆幕府というものにどれだけ実体があったのかと言えば、事実として、足利義昭にはかなりの現金収入がありました。京都を追われて亡命している状況にあっても、全国に土地を持って税を集め、献金も集めていました。官僚も連れて行っています。鞆の地で行政らしき事も行っています。ただし、全国支配しているなどということは全くありません。武力は毛利家に完全依存しつつも、全国の大名に信長討伐の書状を送り続け、本能寺の変でも〝犯行声明〟を出しています。

これをどう評価するかで、東国国家論だと「信長に相手にされていない」で終了でしょうが、権門体制論では、「信長を最後まで苦しめた」との議論も可能です。これまた、どちらも正しいのです。

ちなみに私自身は権門体制論の支持者ですが、東国国家論を全否定する気はありません。どの人の、どの議論を採用するかです。

第七節　鎌倉幕府は自治政府か、独立国家か

さて、〝神学論争〟の本題です。

鎌倉幕府は、高度な自治を認められた団体なのか、独立した国家なのか。

権門体制論からすると、高度な自治を認められた団体にすぎません。

東国国家論からすると、独立国家です。ただ私は独立政府と言った方が良いと思います。

東国国家論者は、国家という言葉を、「政府」の意味で使っているのだと思います。

そしてまた、これもどちらも正しいのです。「自治政府か独立政府か」と考えれば、ど

の程度の自治と独立性があったか、逆に制約はと考えれば、制約が少ないのは確かですし、かといって何でもかんでも完全に自由な訳もありません。

そもそも、平安時代どころか近世になっても、中央政府は、地方のことについては、年貢さえ納め、いざというときに兵を出すのであれば、とやかく言いませんでした。室町幕府の絶頂期においてさえ、島津氏が言うことを聞かないからと九州くんだりまで攻めていくようなことはしません（義教は、おっかなかったですが）。関ヶ原の戦い（一六〇〇年）でも、逆らったのに徳川から改易も減封もされなかったのは、島津氏だけでした。言うことを聞かせようと出かけていくにはあまりにも遠すぎるからです。こっちから攻めるのが面倒ということは、地方政府の側から中央政府に攻めてくるのは、さらに大変だからです。放置しても、あんまり実害はないのです。

九州に攻め込んで制圧するまで戦うような七面倒臭いことをやったのは、豊臣秀吉と近代の明治政府くらいのものです。南北朝時代は、南朝の勢力が振るったので、足利尊氏は自ら出陣したり、義満は司令官を送り込んだりしてますが、完全制圧まではしてません。

明治政府が九州で起きた西南の役（一八七七年）を鎮圧したから、政府たるものは日本中どこにでも主権を行使しなければいけないという近代国家の真面目な概念を、前近代の歴史にも押し付けて考えたくなりますが、違います。

朝廷から見れば、鎌倉幕府は、平将門の乱よりも遥かにマシな存在でした。平将門は勝手に新皇と名乗り、年貢も納めずに、完全に独立を宣言しました。こればかりは鎮圧しないと、全国各地で同じようなことでもあれば、朝廷は政府として存在できなくなります。事実、西国では藤原純友が乱を起こし暴れ回りましたし。だから将門や純友は、何が何でも叩き潰しました。

一方で、源頼朝はそんなことはしていません。実質的な自治を獲得していきます。同時に朝廷から形式を認められ、権力を行使しています。

鎌倉の力が完全に朝廷を押さえつけるまでになるのは、承久の乱です。

日本中世史を理解するには、こうした論理を踏まえておきましょう。

第一章　鎌倉時代　「幕府」は世界史の大発明

第一節　治天の君でも女帝を復活できなかった

院政期の治天の君は、文字通り何でも押し通せる存在です。白河法皇は孫の鳥羽天皇に対し譲位を迫り、曾孫の崇徳天皇を擁立します。

当時の「各界ヒソヒソ話」を集めた『古事談』という真偽混交の説話集の第二巻「待賢門院入内事」にのみ記されている話によると、崇徳は鳥羽の子ではなく、妻の璋子《たまこ》（待賢門院）が白河と密通して生まれた子なので「叔父子」と呼んでいたとか。いずれにしても鳥羽が崇徳を嫌っていたのは確かですが、そんなことはお構いなしに白河法皇は崇徳天皇を擁立します（在位一一二三〜四一年）。

しかし白河が死ぬと、今度は鳥羽上皇が治天の君です。鳥羽は崇徳から皇位を取り上げ、愛妾である藤原得子との間に生まれた当時三歳の近衛天皇を擁立します（在位一一四一〜五五年）。ところが近衛天皇は十七歳という若さで崩御します。

ここで大問題。何人も候補に挙がる中で、最有力は鳥羽と待賢門院の子の雅仁《まさひと》親王です。ところが雅仁親王、今様と呼ばれる宮廷流行歌のマニアで、熱中するあまり喉を潰したこともあるほど。今で言うカラオケマニア。たいそう評判が悪い人物でした。そこで鳥羽法皇は、第三女である八条女院を天皇にしようと悩みます。八条女院はたいそう賢いと評判の人物でした。ここで通説。

通説

女帝は禁止されたことは無かった。禁止されたのは、明治の皇室典範の時代が初めてで、皇位継承権を男系男子に絞っているのは、たかが近代の百年強にすぎない。

成文法ではね。

これで終了させても良いのですが、もう少しだけ。当時の鳥羽法皇は治天の君です。本気になってやろうと思えば、できないことはありません。じゃあ、なんで治天の君の力をもってしても、女帝が実現できなかったのか。当時、女帝は「憚られていた」以外に理由があるのか。要するに、成文法では禁止されていなかったけれども、不文法では憚られていた（＝事実上、禁止されていた）から、治天の君の力をもってしても、実現できなかったということです。それがなぜ江戸時代の後水尾天皇が女帝を復活できたかは、次回作『嘘だらけの日本近世史』で！

結果、雅仁親王が即位して、後白河天皇に（在位一一五五〜五八年）。七百年に及ぶ武家政治を開いてしまった大暗君です。皇室から見れば、この七百年は武家に権力を奪われた暗黒時代です。

雅仁親王が愚かな人物なのは分かっていても、女帝を復活できなかった。ときどき、「鳥羽法皇が八条女院の登極を考慮したくらいだから女帝は禁止されていなかった」と主張する御仁もいますが逆で、この事例こそ女帝が禁止されていた証拠に他なりません。

第二節　武家政治を開いてしまった後白河法皇

鳥羽法皇の死後、崇徳上皇と後白河天皇の派閥抗争が激化、保元の乱に至ります。後白河はその後も数々の権力闘争を経て、治天の君の地位に登ります。

通説

後白河法皇は日本一の大天狗。

これ、言ったのは源頼朝です。九条兼実の日記『玉葉』文治元（一一八五）年十一月二十六日の条に記録されています。後白河が逆賊認定し、弟の義経に討伐命令を出したのにブチ切れた頼朝が軍勢を上洛させます。ビビった後白河が、「義経に脅されたんだ〜」などと、言い訳の手紙を送ってきて、義経の行動を「天魔の所業」とか書いてあったんで呆れて吐き捨てたのが「日本一の大天狗」です。後白河は、平清盛・源義仲・源義経と、次々と武家を使っては切り捨て、死ぬまで頼朝に征夷大将軍就任を許さなかったので、怪物政治家の意味で「大天狗」と言われることが多いようです。

確かに、側近は放っておいても湧いて出てくるものと思って、切り捨てて平気な性格でした。常人ではない。

では、後白河が本当に怪物政治家だったかと言うと、か〜なり怪しく、実際は単なる場当たり的な機会主義者にしか見えません。鳥羽法皇が「こいつを天皇にしていいんだろうか」と本気で悩むのも当然の人。

後白河天皇は崇徳上皇と保元の乱で戦って勝ちます。保元の乱がマズいのは、対等な合戦を行ってしまったことです。現役の天皇なんだから、相手を反乱軍として討伐すればよかった。自分が正義の公権力で、相手は犯罪者。しかし、対等に合戦をしてしまえば、どちらにも正義も悪もなく、「ただ運が悪く、負けてしまっただけ」になってしまいます。

力さえ持てば、権力を握れることになります。ここに嵯峨天皇以降に確立された、平安の論理は終わりになりました。この一事で大暗君ですが、始まりにすぎません。

三年後に、保元の乱で後白河（上皇になってる）に従った平清盛と源義朝が争い、清盛が勝利します。十三歳の頼朝も父の義朝に従い戦いましたが、流刑にされます。この平治元（一一五九）年の平治の乱は従来「保元の乱では貴族に武士が使われたが、平治の乱では貴族が武士に使われるようになった」と説明されてきたのですが、色々と謎が多い。この事件をミステリー仕立てで読み解いていったのが、桃崎有一郎『平治の乱の謎を解く頼朝が暴いた「完全犯罪」』（文春新書、二〇二三年）です。この事件がややこしいのは、男色ネットワークの痴情のもつれが絡むこと。こちらの側面からは、山口志穂『オカマの日本史―禁忌なき皇紀2681年の真実』（ビジネス社、二〇二一年）がおすすめです。

さて、後白河上皇は保元の乱の後には息子の二条天皇に譲位（在位一一五八～六五年）。しかし、息子より人望が無く、院政を敷けません。平治の乱以降は平清盛と組み、二条親政派に対抗します。院政の条件は「みんなから頼られること」ですが、後白河上皇を頼る人など、門閥貴族ではない清盛だけ。二人の利害は一致します。先例がないことでもバンバンやるので、後に「平清盛は先例にあらず」とされてしまう。そらそうでしょう。藤原氏は武力で権力を決しなかったですが、清盛最大のポリティカルリソースは軍事力なのですから。ここで東国国家論だと「軍事力を持つ清盛は最強」で、権門体制論だと「朝廷の官位を得るのと軍事力は相互作用」になります。

親子喧嘩は、一一六五年に二条天皇が崩御したことで決着します。二条上皇、よほど父の後白河が大嫌いだったようで、崩御寸前に、息子が赤ん坊なのに擁立します。六条天皇（在位一一六五～六八年）です。六条帝、大嘗祭で泣き出したので、摂政が飴玉ならぬ干し柿をしゃぶらせて泣き止ませたとの逸話が残ります。さすがに赤ん坊は政敵になりません（若輩の息子が政敵となり、いい勝負を続けたのがどうかしてますが）。ようやく後白河は、治天の君となりました。ただし、従来の社会とはまるで違っています。

一一六七年、清盛は太政大臣になり臣下の頂点を極めます。翌年に、六条天皇は四歳で退位させられます。後白河法皇は七歳の第七皇子を後継に立てます。高倉天皇（在位一一六八～八〇年）です。

後に平家が滅ぼされたので、『平家物語』ほか平清盛が暴虐を尽くしたようにプロパガンダされるのですが、清盛は〝大人の政治家〟です。軍事力を振りかざしません。当たり前で、公家の頂点を極め、出家してからは歴代藤原氏の長がそうなったように「みんなから頼られる存在」「誰よりも政治に詳しく、どこをどう押せばどうなるかを実行できる最高権力者」として振る舞います。朝廷の高官は平家が大勢を占め、財力は自然と高まります。むしろ恩知らずの後白河法皇が、清盛を排除しようとしたから激突します。治承三（一一七九）年、清盛は治承三年の政変と呼ばれるクーデターを起こして、後白河法皇を幽閉するに至ります。

後白河からしたら公家政治の根幹を揺るがす清盛と平家を排除しようと言うでしょうが、先に喧嘩を売ったのは後白河です。亡き鳥羽法皇も、ここまで後白河が愚かだとは読めなかったでしょう。無理をして掟を元に戻してでも、女帝を擁立しておけば……。

第三節　皇位の証しが三種の神器ではなくなる

後白河幽閉の翌年、高倉天皇が譲位を迫られ、二歳の安徳天皇（在位一一八〇～八五年）が即位します。天皇の父は高倉上皇、母は建礼門院徳子。徳子の父は清盛なので、安徳天皇は清盛の孫にあたります。

こうした情勢に、晩年の後白河法皇は紛争惹起が仕事のようになります。

一一八〇年、後白河法皇第三皇子の以仁王が全国の武士に、平家追討の檄を飛ばします。

以仁王は平家に嫌われ親王宣下されなかった皇族。本来「令旨」は皇太子でなければ出せないのですが、なぜか檄文は「以仁王の令旨」と呼ばれてきています。人々が「裏に後白河院がいる」と薄々感づいていたからでしょう。全国の源氏が蜂起、源平合戦が始まります。元号から治承寿永の乱とも言われます。さて、通説。

通説

平清盛は武士のくせに公家化してしまったので、公家からは成り上がり者呼ばわりされ、武士からは裏切り者呼ばわりされ、平家は誰からも見捨てられ滅んだ。

さすがに今は、こんな乱暴な説は大学院で言ったら怒られますが。昔から平清盛の評価は難しく、論争があります。おもしろいのは、幕末で賢公と呼ばれた鍋島閑叟（直正、一八一五～七一年）という肥前佐賀藩十代藩主は、清盛を絶賛していました。『鍋島直正公伝』（全七巻、久米邦武・中野礼四郎編、鍋島家編纂所、一九二〇年）の第三巻に、「清盛智者なり負けて勝つ所が兵略なり」「清盛は英雄なり」といった清盛評が見えます。一方で、頼朝は何もしてない奴扱いでボロクソ。

頼朝は「実質的な史上初の征夷大将軍」「後の時代にも踏襲される幕府を初めて開いた」

とわかりやすい実績があるのですが、清盛にはそういうのが無いのです。「福原に遷都した」「貿易を重視し大輪田の泊を開いた」と言っても、残っていないですし。清盛死後に平家が滅ぼされたので、過小評価される傾向があります。

ただ清盛は、現実主義者として政界では公家として振る舞いましたが、武家政治の先駆者の面もあります。それを最近は、清盛の政庁から「六波羅幕府」と呼ぶ人もいます（高橋昌明『平家と六波羅幕府』東京大学出版会、二〇一三年）。全国の武士の蜂起に対抗するために清盛は軍事政権色を強めたのを、「幕府」の先駆けと評価しているのです。

私は、清盛晩年の体制を「幕府」と呼ぶのには違和感があります。朝廷から独立した統帥権と司法権を掌握し己の裁量で専断できる実質はあるのでしょうが、征夷大将軍に任じられた形式がありません。後に似たような立場となる（ただし朝廷とは融和的だったが）豊臣秀吉は、朝廷から独立した統帥権と司法権を掌握し己の裁量で専断できる実質を保持していましたが、征夷大将軍には任じられませんでした。その政権を「豊臣幕府」とは言いません。最近の学界では、「頼朝が征夷大将軍に任じられた形式よりも実質を大事にしよう」みたいなことを主に東国国家論の先生方がおっしゃるのですが、それ、どうなのと思います。私からしたら、実質なんて主観でいくらでも議論できる。大事なのは、客観的な形式です。

とにもかくにも、一一八一年に清盛が死去。頼朝が蜂起し、弟の義経の活躍で、一一八五年に平家は儚《はかな》くも滅亡してしまいます。その過程で、いとこの源義仲も決起、一時は京都を占領しますが、義経に駆逐されます。

この大混乱の中、後白河法皇も役に立ったことがあります。

寿永二（一一八三）年、源義仲が上洛。平家は安徳天皇を連れ、西に逃げていきました。もちろん後白河法皇はついていくはずもなく、高倉天皇第四皇子で三歳の後鳥羽天皇に「お前が天皇をやれ」と命令します。と書くとふざけているようですが、本当の話。皇位の証しは三種の神器。平家が三種の神器を持って逃げてしまったので、どうするのか。そこで治天の君の後白河法皇が、「伝国詔宣」と呼ばれる儀式で乗り切りました。三種の神器を奪われて皇位継承の儀式が行えない大不吉に際し、神様の子孫でありこの世の支配者である治天の君が決めたのだから、誰もが逆らえない。

専制君主として振る舞った白河・鳥羽、武家の台頭を許してしまった後白河、「院政にロクなことなし」と思っていたら、皇統の危機に機能を発揮しました。

かなり偶然の要素が強いですが、院政は中世（そして近世でも）皇室を守る装置として機能していくこととなります。

第四節　源頼朝の「革命なき革命」

源頼朝（一一四七～九九年）の作った鎌倉幕府は、世界史上に唯一無二の偉大な発明品です。なぜか。革命をやらずに革命をやったからです。と言っても、「なんのこっちゃ？」でしょう。

ここに翻訳のズレがあります。漢語の「革命」は、別の人物が皇帝に取って代わることです。英語圏の「レボリューション（Revolution）」は、社会構造そのものを変えることです。頼朝がやったのは、「革命なき社会変革」です。だから偉大なのです。

社会変革では、必ず既得権益を失う人が現れます。だから、血で血を洗う抗争になります。中華世界では皇帝が力を無くすと別の者が皇帝になり、新王朝を開きます。たとえば秦王朝は趙政が打ち立てた王朝です。始皇帝を名乗ります。しかし趙氏の王朝は三代で終焉。劉邦が漢を打ち立て、劉一族に取って代わられます。中華帝国史では、王朝交代のたびに夥しい血が流れています。皇帝の姓が変わるので、易姓革命とも言われます。

それに対して、我が国では皇室に取って代わった者は、一人もいません。藤原氏や平清盛はそれまでの朝廷の枠内で色々とやりましたが、頼朝は幕府政治の確立という劇的な社会変革を成し遂げました。そして長い時間をかけて既得権益を無くします。公権力として律令体制があり、私有地である荘園も摂関家・院・平家の歴代権力者の基盤であり、という体制を頼朝から四百年かけて完全に変えたと称したのは、中世史の権威の高柳光壽先生です。『足利尊氏』（春秋社、一九六六年）という本に書いています。

源頼朝はなぜ天皇に取って代わらなかったのか？　日本史だけを見ていると当たり前に思えますが、外国の歴史に詳しい人が急に日本の歴史を調べると必ずぶち当たる疑問です。その答えは、頼朝が「貴種」なので武士の支持を得て、権力を握ることができたから、です。

頼朝は以仁王の令旨に応じて挙兵しますが、初陣で負けてから二十年も流人をやってた戦の素人。鎌倉幕府公式記録の『吾妻鏡』によれば、「三島大社の祭礼の日に挙兵しよう」などと「記念日挙兵」を言い出し、側近で舅の北条時政が止めるのも聞かずに「裏道は騎馬が通れないから堂々と大通りを行く」などと、〝パレードしながら奇襲作戦〟のような戦い方でしたが、伊豆国目代（代官代理）を務めていた平兼隆という田舎武士にビギナーズ・ラックで勝利します。しかし次の石橋山の戦いに敗れ、すぐに敗走。千葉県へ逃げていきます。当時の千葉県は、上総・下総・安房に分かれていました。頼朝が安房に逃れた時、上総広常という、名前からして地元の実力者が、二万と言われる兵を連れてやってきます。「俺がいなけりゃ頼朝なんかはやってられんだろう」とばかりにナメた態度で遅刻してきます。その広常に頼朝は「来るのが遅い」と思いっきり叱責します。広常は平伏、関東の武士が頼朝の下に集まってきます。

と、かなり眉唾な話が残っています。『吾妻鏡』は北条氏の正統性を証明する歴史書なので、鎌倉幕府を築いた頼朝を持ち上げつつ、ちょくちょくと「問題があった人物なので、源氏は滅んだ」と小ネタを差し込んでいますので、読み方に注意が必要です。

ただ、「頼朝は武勇に優れてなかったけど、貴種として特別な存在だから、関東の武士たちが従った」という点は、誰もが疑問に思わないストーリーなのは理解できましょう。

これを権門体制論に言わせれば「頼朝は関東の武士たちと隔絶した存在」であり、東国国家論に言わせれば「貴種ならば頼朝や源氏でなければ誰でもいい」と真っ向から対立します。

ただ大前提は、頼朝だろうが源氏だろうが他の誰であろうが、「上に仰ぐのは高貴な身分の存在でなければならない」は関東の武士たちの合意です。「貴い種」と書いて、貴種。

貴さの根源は、天皇です。

武士は武力によって生きていますから、本当は自分より弱い奴の言うことなどは聞きたくありません。しかし、朝廷に任せておくと自分たちの土地がどうなるかわからないので、守ってくれる人物、親分が欲しい、という現実がありました。そこで、親分にふさわしい人物とはどんな人物なのか？ということになります。「貴種」は、関東の武士がどうしても乗り越えることのできない壁でした。個人的力量とは関係のないところにあるのが貴種です。頼朝にはそれがありました。

なぜ頼朝は貴種なのか。ご先祖様が天皇だからです。頼朝は、清和天皇（在位八五八～七六年）の十一代目です。そもそも源とは「皇室に起源を持つ一族」です。

急に話を飛ばします。頼朝革命は、アメリカ独立革命（一七七五～八三年）の先駆けでもあります。

通説

当時のイギリス国王ジョージ三世は、議会に代表を送る権利を認めないのに、アメリカ植民地に増税を課してきた。そこでジョージ・ワシントンら植民地の人々は武器を持って立ち上がり、戦って勝って独立を勝ち取り、アメリカ合衆国を建国した。

これが歴史的事実かどうかは、不滅の名著『嘘だらけの日米近現代史』をどうぞ。ただ、アメリカ建国の建前であるのは間違いありません。この思想はDemocracy with a Gunなどと表現されます。だから、アメリカではいまだに銃規制ができないのです。

それはさておき、アメリカ独立革命の思想は「自分たちの財産が政府に奪われそうになったら、力で打ち倒して新たな政府を作ることができる」です。事実、アメリカ人たちは国王の支配を脱し、自分たちの政府を打ち立てました。当然、国王はアメリカ人に増税して、財産を取り上げられません。武装権とか抵抗権（革命権）とも言われます。

これと同じことを五百年早くやったのが、頼朝です。ただし、アメリカ人と違って王様に反逆するのではなく、皇室の権威を利用して。

当時の実質的な政府は、平家です。平家を打倒して、その事実を朝廷に承認してもらう。結果、武士たちの財産を守る。朝廷を倒す必要はありません。日本には革命が要らない理由です。武力で政治を決する世の中だからこそ、君主（皇室）が必要とされた。そんな国、他に聞いたことが無いから、外国の歴史を知ると日本が不思議に思えるのです。

第五節　幕府はＧＨＱ、将軍はＳＣＡＰ

とは言うものの、平家の方も黙って見ていたわけではありません。宮内庁のホームページに掲載されている「天皇系図」を見るとよくわかるのですが、一一八三年から一一八五年までの二年間、二人、天皇がいます。安徳天皇と後鳥羽天皇（在位一一八三〜九八年）です。六十年間ほど放置された南北朝時代（一三三六〜九二年）と違って、「東西朝」とも呼ぶべきこちらの時代は二年ほどで終わりましたから後で揉めるようなことにはなりませんでした。この時に源義経は、三種の神器の一つである草薙《くさなぎ》の剣《つるぎ》の奪還に失敗して失ってしまうという大失態をやらかしています。

そんな時に、朝廷に知恵者がいました。朝廷に重んじられていた僧侶の慈円は史論書『愚管抄』（一二二〇年頃に成立）の中で、「武士のきみの御まもりになりたる世になれば、それにかへてうせたるにや（武士が天皇を守る世になったので、その代わりに草薙の剣は消えたのだろうよ）」と言っています。ものは言いようです。どこかの国の内閣法制局も裸足で逃げ出す詭弁。

ここで教科書的論説に触れておきます。

通説

頼朝は平家追討を名目に全国に支配を及ぼしたかったから、追討をゆっくりやりたかった。しかし復讐に燃える義経が平家打倒に邁進。あっという間に平家を滅ぼしたので計算が狂い、色々とやらかしを繰り返す義経を全国に追い回す方針に切り替えた。

そんなに上手くいくかなあ……？

それはさておき、真面目に教養として知っておいた方が良いこととして、「勧進帳」の話があります。山伏に姿を変えた義経一行が加賀国安宅関《あたかのせき》という今の石川県にある関所で疑われる。そこで部下の弁慶が白紙の勧進帳を朗読、なおも疑われたので義経を暴行。関守はすべてを知りながら、義経一行を見逃してやる、という話です。勧進帳というのは寄付を募る書類、関守は関所の責任者のことです。この話も「戦に功のあった弟の義経を虐める嫉妬深い兄の頼朝」という構図で流布されます。

史実で確実に言える義経は、他の武士と協調性が無く、勝手に官位をもらって見え透いた後白河法皇の分断工作に乗り、頼朝を朝敵とする院宣まで引き出してしまう。許したら頼朝の方が公私混同です。さらに、海上知明『「義経」愚将論』（徳間書店、二〇二一年）

によれば、無駄に残虐な性格で、戦はまぐれ当たりの連発だったとか。

頼朝の手法は、西国に弟の範頼や義経らを行かせ、「平家を打倒するから協力しろ。その代わり朝廷と交渉してお前の土地を守ってやるから俺に従え」です。実際に年貢を納めさせて戦に動員させて言うことを聞かせるという事実をもって、朝廷と交渉する。範頼はこういうの得意だったようですが、義経は……。

確かに、義経の平家討伐が早すぎたので、西国への影響力は小さいままでした。頼朝は関東で権力を確立することに専念します。頼朝に従った有力武士は「御家人」と呼ばれるようになります。

ところで頼朝が、〝中間管理職〟だと気づいたでしょうか。武士たちは「貴種」の権威で従える。朝廷には現実の武力で圧力をかける。上を突き上げ、下を叩く、〝中間管理職〟だから、頼朝の立ち回りは絶妙だったのです。

日本国は律令制では六十六か国に分かれています。国ごとに国司がいましたが、まるで機能しないから、武士たちに頼朝が求められました。頼朝は国ごとに「守護」を置く権利を求めます。守護とは平時は治安を守り、有事には軍勢を供給する役目です。そして土地ごとに「地頭」を置き、年貢を取り立てることとします。朝廷には公領があり、貴族は荘園と呼ばれる私有地を持っているのですが、荘園公領に対抗する武士の土地を持てるように朝廷と交渉し認めさせました。この土地のあり方が「幕府」の根幹です。こういうことを考えたブレーンが大江広元だと『吾妻鏡』に特筆大書されています。大江の子孫は北条に逆らって潰されましたから、本当でないなら美化する必要が無い。たぶん本当でしょう。人類のどこにもない「幕府」を考えた大天才が大江広元で、それを実現した大政治家が頼朝という評価で良いと思います。

源頼朝の作った政府は、幕府と呼ばれます。幕府は、昔は「Military government」と英訳されていましたが、今は「Ｂａｋｕｆｕ」がそのまま英語表記として使われています。日本にしかないものなので翻訳のしようがないのです。同じく将軍もＧｅｎｅｒａｌでは正確ではないのでＳｈｏｇｕｎです。

幕府の直訳はＣａｍｐで、テントのことを指します。今風に訳せば、駐屯地です。移動することが前提です。Ｂａｓｅ＝基地のように移動しないことが前提の存在とは違います。頼朝は、「東国Ｂａｓｅ」をつくりたかったのです。このＢａｓｅを「国家」と訳しているのが、東国国家論のみなさんです。それはさておき、実際に頼朝がやったのは、本来はＣａｍｐに過ぎないものをＢａｓｅにしていく作業です。

本来はＣａｍｐに過ぎないので、朝廷から与えられている臨時の司法権と統帥権を、Ｂａｓｅとして日常的に行使できる存在にしてくれ、という作業を、鎌倉を拠点に、平家追討および義経追討を名目として全国に広めていこう、というのが、頼朝が行ったことでした。

さて、最近流行の説。主に東国国家論の先生が「頼朝が征夷大将軍に任命されたなんてどうでもいい」とか唱えています。この方たちは実質が大事で形式はどうでもいいらしいので。だから、「イイクニ作ろう鎌倉幕府」と一一九二年を鎌倉幕府成立としていたのを、教科書から変えさせました。この方たち、私のように「形式がすべて。形式こそが最も重要な実質」と考える人を説得する気が無い議論を展開していますが、まあ少し乗ってみましょう。

頼朝以前の征夷大将軍として有名なのは坂上田村麻呂で、初代は大伴弟麻呂《おおとものおとまろ》です。確かに頼朝が田村麻呂らの後継者になりたいなどと熱望した、なんて史料は見たことありません。また、就任後すぐにやめたので「右大将家」と呼ばれたとの史料は山の様にあります。右大将とは右近衛大将の略で、平時の最高武官です。

頼朝がやろうとしたのは、朝廷から独立した自治を認めてもらうこと。その過程で、本来は戦場でのみ臨時にしか認められない司法権と統帥権の委任を、恒久化してもらうことです。そうした実態を伴う朝廷の役職の中から、「征夷大将軍なら間違いない」と選んだのは争いが無いところです。

頼朝が将軍をすぐに辞めたかどうか、重視されなかったかどうかは知りませんが、「一回その役をやっとくと後が便利」は、今でもよくあります。

さて結論。幕府とは、本来は「臨時の本営」です。将軍とは、その最高司令官。政府の指示を待つことなく、現場の裁量で重大な決断、その中でも特に重要な司法権と統帥権を行使できます。要するに、幕府とはGHQ（General Headquarters）、将軍とはSCAP（Supreme Commander for the Allied Powers）です。占領期の日本人は占領軍をGHQ、その最高司令官のダグラス・マッカーサーをSCAPと呼びました。昭和天皇から見たら、マッカーサーなど「頼朝を気取った木曽義仲」くらいにしか見えなかったでしょう。

頼朝のやったこと、後世の人間の目から見れば、特に近現代の政治学をやった人間から見ると、こういう風に評価できます。当然、頼朝自身が狙ってやったわけではなく、当時の政争の中で生き残ろうとしてやったら、こうなったということですが。

という実態を踏まえて本題です。

第六節　「イイクニつくろう鎌倉幕府」を否定するアホ

日本中世史についての研究は目覚ましく、そのほとんどを尊重しているのですが、ときどき首をかしげることがあります。その筆頭が、「一一九二（イイクニ）つくろう鎌倉幕府」の否定です。

今や、歴史教科書などで鎌倉時代の始まりが一一八五年とされて「イイハコつくろう鎌倉幕府」と覚えているようで。

実は、鎌倉時代の始まりをいつからとするかについては、戦前から論争がありました。次のような説があります。

一一八〇年説　源頼朝が伊豆で挙兵して、鎌倉に入って拠点を築いたから。
一一八三年説　東国支配の宣旨が与えられたから。
一一八五年説　平氏が壇ノ浦の戦いで滅亡し、頼朝が守護・地頭の設置権を得たから。
一一九〇年説　頼朝が上洛して右近衛大将に任命されたから。
一一九二年説　頼朝が征夷大将軍に任命されたから。

一二二一年説　承久の乱で鎌倉の力が完全に朝廷を圧したから。

それぞれ根拠があり、実態を伴うのですが、それぞれ検証。

まず議論を分けると、時代区分に関しては「鎌倉時代は、源平合戦が始まった一一八〇年から鎌倉幕府が滅亡した一三三三年で終わる」で良いと思います。ただし、その時点で幕府が成立しているかは別です。

話を単純化すると、「鎌倉幕府の成立が一一九二年ではないとしたら、室町時代や江戸時代はどうするの？」です。「それは室町や江戸の専門家が考えればよい」という声が聞こえてきますが、それでは学問としての体系化が無い。単なる思考停止の責任放棄です。

一一九二年説が非常にわかりやすく説明しやすいのは、初代創業者の源頼朝が征夷大将軍に任命された年だからです。実質を形式的に朝廷が承認しました。

室町時代は、一三三六年に建武の親政を足利尊氏が壊したことから始まった、でいいと思います。室町幕府ができたのは尊氏が将軍に任命された一三三八年になります。

江戸時代は一六〇〇年の関ヶ原の合戦の勝利で始まり、一六〇三年に徳川家康が征夷大将軍に任命されて江戸幕府が成立した、で説明がつきます。

頼朝・尊氏・家康の支配を、後鳥羽天皇・光厳天皇・後陽成天皇が承認した。政治の勝者だと認定した。それで統一的に説明ができます。

皇室史の観点から大事なのは、「政治の最高権力者の補任権を天皇が握っているから」です。摂政・関白・征夷大将軍、そして内閣総理大臣もそうです。嘘だと思うなら、日本国憲法第六条を読んでみればいい。「天皇は、国会の指名に基いて、内閣総理大臣を任命する」と書いてあります。

第七節　「本当に万世一系かＤＮＡ鑑定しろ」と言う奴は晒し首

三条河原は、打ち首と晒し首が絶えなかった場所です。京都の三条大橋あたりの川岸が三条河原と呼ばれていました。三条河原と並んで四条河原もまた、打ち首と晒し首で有名でした。近代史においてリベラルな元老として知られる西園寺公望は、若い頃にフランスかぶれだったくせに、留学中にパリコミューンに出くわしてからは「日本で君主制廃止を言う者は、全員四条河原に晒し首にしろ」と絶叫しました（『西園寺公望伝』第一巻）。

最近は皇室に対する、文字にするのも大不敬な表現が飛び交っています。こういうのは、「世が世なら三条河原で晒し首」の言論です。

とは言うものの、我が国の国法では、そういう言論も認められています。また無理に弾圧しても反発されるだけで、かえって皇室に累を及ぼしかねません。不敬罪が残るタイなど、国民の反発が強まっているだけのようで。だから私も、可能な限り「素朴な疑問」には答えるようにしています。

戦前は皇国史観と言って、歴代天皇は神様の子孫ですと習ってきました。そして、「神武天皇の子が綏靖天皇で、（中略）大正天皇の子が今上天皇でと、血がつながっている」と教えていました。これを「万世一系」と言います。

これに対して、「血がつながっていない人もいるんじゃないの」「DNA鑑定しなくていいのか」と声を上げる輩もいます。戦前だったら、晒し首にはなりませんが、往復ビンタか鉄拳制裁くらいは覚悟しなければなりません。それでもそういう言論、出版などで公に言えば、戦後でもある時期までは暗殺覚悟でしたが。

それが今や、「『源氏物語』なんか読んでると、不貞なんて当たり前にあった訳でしょ」とか言い出す人がいます。社会的に責任がある人で。「お前、学者だろ?」って人まで。

それこそ当の『源氏物語』を読めばわかると思いますが、無理やりであろうがなかろうが、貴族の、特に姫様の寝室に入るためには、その姫のお付きの女官である女房の手引きが必要です。たとえうまく忍び込んだとしても、幾人かいる女房の内の誰かが絶対に気づいて人物特定します。だから、姫様が誰と関係したのか、少なくともお付きの女房は完璧に把握しています。

また、『源氏物語』には桐壺帝、冷泉帝、朱雀帝、今上帝の四人の天皇が登場します。この内、冷泉帝は、桐壺帝の中宮である藤壺と光源氏の間にできた、いわゆる不義の子です。ただ、光源氏は桐壺帝の実子なので、「万世一系」です。『源氏物語』は賛否両論毀誉褒貶が激しい物語なのですが、江戸時代に国学者の安藤為章が『紫家七論《しかしちろん》』（一七〇三年）という源氏評論で、「光源氏は桐壺帝の子であり、冷泉帝は孫であり、神武天皇以来の血脈である」と記しています。紫式部は、そういう前提で書いているのです。仮に『源氏物語』が「万世一系」を否定する不貞の話なら、当時の宮中でこぞって読まれたわけがありません。ありえないスレスレを狙うのが一流作家の証。

さて本題。鎌倉時代、天皇の実母の密通が疑われた事件がありました。

後鳥羽天皇の愛妾である在子《ありこ》は源通親《みちちか》の養女でした。この在子と通親が密通しているという噂が流れます。通親と在子の密通については、慈円が『愚管抄』の中で伝えています。在子は土御門天皇の母親でした。後鳥羽天皇は在子を遠ざけ、上皇となった後、土御門天皇を十五歳の若さで譲位させて第三皇子の順徳天皇に代えています。そして巡り巡って、今の皇室は土御門天皇の子孫です。通親と在子の密通が本当で、土御門天皇の父親が源通親である可能性があるとしたらどうするのか。今の皇室は源通親の子孫なのか???

と聞くと驚くでしょうが、慈円が「通親晩年の出来事」と断っています。こういう切り取りに騙されてはいけません（笑）。皇室を貶める為なら、切り取りで人をだますのなんて平気な人、いくらでもいますから。通親は一二〇二年に五十三歳で死亡、土御門天皇の誕生は一一九五年です。五十で死ぬ人の七年前を晩年とは言いません。少なくとも慈円は言わない。

よく、貴族の異性関係は浮気しまくりの乱脈の世界だと言われます。確かにそんなところがありますが、女性の浮気が許されるのは、後継者が生まれた後の話です。お嫁さんの実家からしたら、跡継ぎを産まないとお家の浮沈にかかわりますから、それまでは徹底的に監視社会なのです。「娘が浮気して関係ない奴の男を産んだ」なんて敵対派閥に宣伝されただけで破滅です。

この手の話で完璧な証明はありませんが、前著『嘘だらけの日本古代史』でも、いかに我が国の皇室が「万世一系」に疑いを持たれないように腐心してきたかを、お話ししました。皇室の中に誰か密通して生まれた子供がいるかもしれないと言うのであれば、それを証明してから言えとしか言いようがありません。今から歴代天皇全員のDNA鑑定なんてできないですし、本来ならばどっかの河原で晒し首の連中の尻馬に乗って「皇族は疑いを晴らすべくDNA鑑定をすればいいだけだ」とか、失礼不敬にも程があります。

第八節　後鳥羽上皇が勝つに決まっていた承久の乱

後白河法皇は死ぬまで源頼朝の征夷大将軍就任を認めませんでした。その崩御後、頼朝と近しい公家の九条兼実の工作で、頼朝に将軍宣下がなされます。兼実は慈円の実兄です。頼朝と兼実を分断した凄腕の公家が、源通親です。まず兼実が反主流派に追いやられ、頼朝も通親に翻弄されます。その有様は、小著『国民が知らない　上皇の日本史』（祥伝社、二〇一八年）をどうぞ。

失意の頼朝死後、将軍は長男の頼家が継ぎますが、御家人たちが派閥抗争を起こし、自身は幽閉ののち暗殺。頼朝の妻政子の父である北条時政が権力を掌握しますが、その政子が弟の義時と組んで父を追放します。このあたりの関東での権力闘争はNHK大河ドラマ『鎌倉殿の13人』（二〇二二年）でもどうぞ。評判がいいですが、石坂浩二が頼朝を演じた

『草燃える』（一九七九年）のリメイクです。「鎌倉殿〜」で北条政子を演じた小池栄子、出家してからの演技が若い頃の岩下志麻に似てきて……なんて話をしだすと終わらないので割愛。「権門体制論からは、関東の東夷《あずまえびす》の内ゲバなど、マイナー問題なのです」とは言いませんが。

時政・義時は事実上の鎌倉幕府の最高権力者で、執権と呼ばれるようになります。

さて、この頃の治天の君は第八十二代天皇だった後鳥羽上皇です。息子の土御門天皇（在位一一九八〜一二一〇年）、順徳天皇（在位一二一〇〜二一年）を次々と皇位に据え、院政を敷きます。といっても西国だけで、関東には力が及びませんが。平安時代は「遠国などほっとけ」でしたが、この時代になると及ぼそうと思っても無理ですし、後白河法皇の時代に既に「東国支配の宣旨」を与えています。

ちなみに、源義仲は自らが奉じていた北陸宮を推しましたが、宮は赤ん坊の時に後白河法皇にむずかったことがあるらしく、それ以来嫌われ、即位できませんでした。ってホンマかいな？ 義仲の影響力が強くなりすぎるので、嫌われただけだと思いますが。また、後鳥羽は高倉天皇の歴とした皇子、北陸宮は以仁王の皇子。先例に従えば、後鳥羽の即位は当然です。

ちなみに、後鳥羽天皇には親王の時期がありません。諱《いみな》は尊成《たかひら》。そう呼ばれたことはありませんが、身位を合わせた名前は、尊成王です。王から親王も皇太子もいきなり飛ばして天皇になっています。それは先例があるのでいい。

問題は、源平合戦のドサクサに三種の神器なしに即位したので、自分は不十分な天皇であるとコンプレックスを抱いていました。可能な限り吉例に従うのが皇室ですが、源平合戦のドサクサではままなりません。

三歳で即位した後鳥羽、成長するにつれ、〝自分磨き〟に励みます。どうも、自分は正統性に欠ける天皇だと思い込んでいた節があります。それを補うかのように、文武両道に磨きをかける。和歌や有職故実、学問に優れるだけでなく、自ら流鏑馬《やぶさめ》の達人になるなど、武芸にも習熟します。家柄が最高で、領地もありますからお金持ちで、頭が良くて、スポーツ万能。モテない訳がなく、女だけでなく男にもモテまくり。問題が一個だけあり、性格……は承久の乱の決定的要因になるので後で。

鎌倉幕府三代将軍源実朝が暗殺され、頼朝の嫡流はあっという間に絶えます。その前後から、北条義時ら幕府首脳は後鳥羽天皇の皇子を将軍に迎える工作を行い、尼将軍と呼ばれた政子自ら上京して交渉したりします。しかし後鳥羽様のお答えは「やれん」で一蹴。

困った政子・義時の姉弟は、摂関家の九条家から頼経を四代将軍に迎えます。「貴種なら誰でもええんかい？」と言いたくなりますが、いないよりはマシ。

源平合戦以来の仲間を次々と粛清し権力を強める北条義時への反感が強まっているのを見て取った後鳥羽上皇は、奪権闘争を挑みます。

一番えげつない挑発が、「裁判で、俺の妾にえこひいきしろ」です。鎌倉幕府の正統性は「裁判の公平」です。平安の昔は朝廷の番犬としてコキ使われて、いつの間にか財産を巻き上げられている。そんな世の中を変えたいと思った東国武士たちが作ったのが、鎌倉幕府です。政権の存在意義に関わります。ってなことを百も承知で挑発しているのが、〝治天さま〟の手口。色々と揺さぶって満を持して、「北条義時追討の院宣」を出します。

大河ドラマ「鎌倉殿～」の放映に合わせて「承久の乱」と名のつく真面目な本が出て研究が急速に進んだのですが、結論だけ言うと、成功確率は九十九％。で、言いすぎなら九割。

義時の専制政治で北条一族や身内の安達はともかく、主流派のはずの三浦だって叛服常無し状態。なんで朝敵となった義時の為に、一緒になって逆賊として討伐されなきゃいけないのか。他人のフリです。院宣の文言は「義時を討て」とは言っているけれども、東国武士の権利を取り上げるとは一言も言ってません。

ここまでの後鳥羽上皇は完璧でした。

そこに、日本史最大の演説政治家が登場します。尼将軍・北条政子です。

政子は、「頼朝以前の武士たちがどんなに惨めな生活だったか。それが自分たちの財産を不当に奪われることは無くなった。すべて頼朝のおかげではないのか。昔のように、犬のように扱われる生活に戻りたい奴は恨まないから上皇の陣に行け！　それが嫌なら武器を持って上皇と戦え！」と訴え、集まった武士たちが皆すすり泣いたとか。

本当にこんな演説をしたかどうかは二説あって、『吾妻鏡』では政子の書状を側近の安達景盛が読み上げたとも言われます。実際に演説を行ったとするのは『承久記』。大河ドラマ『草燃える』は、もちろん政子本人が声涙倶に下る大演説を行う説を採用、岩下志麻の後の極妻《ごくつま》（極道の妻たち）をはるかに凌駕する鬼気迫る演技に、再放送を勝手にアップしてたニコニコ動画のコメント欄など「ジーク！鎌倉！」の嵐。

教養の衒学に走りすぎましたので、大事な話を。

鎌倉で討伐軍を迎え撃とうと防衛策に出ようとした幕府首脳陣に、「出撃せよ」と積極策を進言したのが、文官の大江広元です。相手は錦の御旗を持つ官軍で、こちらは賊軍。

状況が変わる前に一気に決着をつけねば何をされるかわからないと、都出身の広元にはわかっていたのでした。

義時の息子の泰時がたった一人で出陣したら十九万騎の軍勢に膨れ上がり、北陸道軍、東山道軍、東海道軍が三方から攻め込んだとか、数字は怪しいですが、雰囲気は伝わってきます。

後鳥羽上皇には、たったひとつだけ勝機がありました。自分で出撃することでした。後世の室町時代の成立なので怪しいですが、『増鏡』（南北朝時代に成立した、一一八〇~一三三三年の出来事を記録した歴史物語）には、京都に向かう前に泰時が早馬で鎌倉に戻り、父の義時に、「もしも上皇御本人が姿を現された場合にはどうすべきか」と尋ねたことが書いてあります。義時は、「よく尋ねた、その時には弓矢を切ってひざまずけ」と答えたとのこと。この話の真偽はともかく、逆賊となるのにためらいがあった鎌倉武士たち、どうなったかわかりません。だからこそ大江広元は、武士たちに迷いが生じる前に積極出撃で後戻りできない状況を作るべきだと進言したのでした。

しかし、事実はマヌケなもの。文武両道に優れた上皇の唯一最大の欠点がさく裂してしまいました。〝ヘタレ〟です。

突然、使者を送り、謀臣の企てだったとして義時追討の院宣を取り消し、藤原秀康、三浦胤義といった上皇側近の逮捕を約束しました。この二人が助けを求めてきた時、門を閉じて入れなかったとか、ヘタレぶりは言い出したらきりがないので省略。

泰時は今さら訳の分からない言い逃れを聞くはずもなく。朝廷軍を鎧袖一触します。

ところで、「承久の乱」なんて言ったら戦前の皇国史観の皆さんには怒られるでしょうね。あくまで「承久の変」と呼ぶべきであって「乱」ではないと。

しかし、尊皇家として人後に落ちる者ではないと自負している倉山満、あえて「乱」と使っています。

乱と言うからには、「上の者に逆らう」でなければなりません。この世の支配者である治天の君が誰に逆らうのか。ところが逆らう相手がいるのです。道理です。神様の子孫であっても道理に合わないことをしてはならない。それを力で示したのが、承久の乱でした。やがて「主上御謀反」の言葉が定着します。

第九節　北条泰時が聖人君子とされた理由

鎌倉幕府第三代執権北条泰時（一一八三〜一二四一）は、聖人君子のごとく扱われている人です。鎌倉時代は執権の中で宗家の当主を得宗と呼ぶようになりますが、初代時政、二代義時、四代経時、五代時頼、八代時宗、九代貞時、十四代高時と、泰時と病弱で早死にした経時以外は、派閥抗争で粛清を繰り返しています。ところが、泰時の治世には血なまぐささが無い。事実、その治世を通じて善政を行いました。

若い頃から頼朝に聡明さを見込まれたとか、頼家の悪政にも堂々と諫言したとか、領民が慕ってやまなかったとか、聖人エピソードのオンパレード。泰時なら、腕から金粉が出たとか、握手したら癌が治ったと言われても、私でも信じそうです。

冗談はさておき、聖人君子の見本のような泰時も、承久の変の事後処理では無茶苦茶をやってます。

首謀者の後鳥羽上皇は流罪。一緒になって乱を主導した順徳上皇も流罪。順徳上皇が「天皇だと自由が利かないから」と譲位した、三歳の幼帝は廃位。践祚《せんそ》（天皇になること）はしたけど、即位（天皇になったことを知らせること）をせずに廃位されたので、「半帝」と呼ばれました。上皇宣下もされません。摂政の九条道家さんの家に連れられたので「九条半帝」と呼ばれ、哀れ十六歳で崩御。長らく歴代天皇に数えられず、明治三（一八七〇）年にようやく「仲恭天皇」の諡号が贈られました。実に約六百五十年ぶりの名誉回復です。
なぜか乱と関係の無かった土御門上皇まで「私を流罪にしてくれ」と申し出るのですが、この行動が実は皇室史において決定的な意味を持ちます。さて通説。

通説というより勘違い

天皇を辞めたら自動的に上皇になる。

それどころか、「上皇になれば院政を敷ける」とか言い出すアホがいたので、私は『日本一やさしい天皇の講座』（扶桑社、二〇一七年）を緊急出版しなければなりませんでした。そして、あまりにひどい言説が罷り通っていたので、皇室史学者を名乗るようになりました。

本当に上皇になっただけで院政を敷けるなら、崇徳上皇はなんなんだか。それに複数の上皇がいる場合もあります。天皇家の家長である治天の君が、上皇ではなく天皇の場合もあります。また、九条半帝のように、天皇を辞めさせられて、上皇になれなかった方もいます。

そして、上皇は天皇にならなくてもなれるって、意外と知られていません。

父の北条義時から乱後の事態収拾を一任されていた泰時は、後堀河天皇（在位一二二一〜三二年）を擁立。まだ九歳なので、父の守貞親王（この時は出家していて行助法親王）が院政を敷きます。守貞親王は後鳥羽上皇の異母兄で、後鳥羽の子孫には皇位を継がせないとの鉄の意志です。後に、「後高倉院」の院号を贈られます。天皇にならずに上皇になった、不登極帝の初例です。「だったら最初から行助法親王が天皇になればいいじゃないか」と思うかもしれませんが、称徳天皇を最後に「出家した皇族は天皇になれない」との掟が確立しています。

これも「女帝の禁止」と同じで、成文法では禁止されていないんですが、憚られています。すなわち憲法習律が確立しているのです（この意味が分からない人は、もう一度三十四頁を）。

当時の政治状況において、幼帝を擁立、その父が院政をしいて実務をやってくれた方が都合は良い。その前提で、出家した皇族の即位を復活させるのが憚《はば》かられました。結果、不登極帝の新儀になったのですが、「新儀をやろう！」と最初から行助法親王が上皇になったのではなく、院政をやった事実の追認として不登極帝が生まれたのです。皇室とは、そういう世界なのです。

とは言うものの、三上皇配流・廃帝・幼帝に首を挿げ替え・不登極帝の新儀と、前代未聞の所業であるのは間違いありません。

これほどの所業を断行しながら、北条泰時は聖人君子。その理由は、①政治闘争で勝者となったこと、②善政を敷いたこと、③新儀をやりながらも、可能な限り先例を尊重したことです。特に、行助法親王に院政をやってもらった手法などからわかるでしょう。多くの新儀を行いながらもやむを得ない措置であるとの理屈が立っているのです。考えなしに「新儀の何が悪い！」とか言わないのです。

そして理由④があります

第十節　自ら島流しを申し出た土御門上皇の勝利

泰時は、京都に六波羅探題という監視機関をつくり、占領軍として京都を統治します。泰時が叔父の時房とともに京都に居座り、西国にも睨みを利かせます。鎌倉幕府の支配は全国に及び、朝廷は徹底的に関東に逆らえなくなります。以降は皇位継承に関しても、関東の意向を無視できなくなります。朝廷には「関東申次」というその名の通りの鎌倉幕府とコミュニケーションをとる役職を設け、やがて西園寺家が世襲していきます。

ここで毎度の疑問。なぜ北条氏は天皇にならないか。日本史を知らないで外国の歴史だけ学ぶと浮かんでくる疑問です。しかし日本史を学んでいると「んなこと、できる訳ない」で終了です。頼朝ができなかったことを、北条にできるはずがない。

貴種である頼朝すら〝中間管理職〟でした。北条はさらに下っ端。朝廷の官職で言えば、課長級。「従四位下右京権太夫北条陸奥守義時、今から天皇になるぞ！」と宣言しても、第二の平将門ロードまっしぐら。すぐに他の武士たちに潰されたでしょう。

下の階級の者が権力を握るには、上に権威を担いだほうがいい。これは日本史の法則です。もっとも、中華帝国史だと「俺は皇帝になる！」って潰される奴の連続なので、なぜ日本人だけ常に合理的な選択をできたかの説明にはなってなく、タマタマとしか言いようがないのです。このタマタマは、常に行われるので「奇跡」です。

北条泰時が貞永元（一二三二）年に御成敗式目を定め、現在の民法にもその一部が残るほど素晴らしい内容だったとか、そういうのは端折ります。民法の「二十年時効ルール」は御成敗式目からです。この法典は各論でも素晴らしいのですが、ここでは総論のみ。

泰時は、律令を廃止せず、後法として御成敗式目を制定しました。朝廷の所領では律令を、武家の所領では式目を適用、相互に揉めないようにする。と言っても現実には、朝廷と武家の権利関係は錯綜します。そういう時は、式目優先。世界中の近代法で、「矛盾した法律の条文があった場合は、後からできた方が優先」の後法優先の原則がありますが、泰時のやったのはそれです。そうやって原則を確立した上で、個々の事件に関しては公正な裁判を徹底、必ずしも武士の権利だけを守った訳ではなく、朝廷の人々をも納得させていったのです。泰時の簡単な伝記としては、上横手雅敬『新装版　北条泰時』（吉川弘文館、一九八八年。原著は一九五八年）をどうぞ。

源頼朝と北条泰時の二人を持ち上げまくっているのが、北畠親房『神皇正統記』。嵯峨天皇を含め、なんでこのジイサンと褒める人が一緒になるのかと私は悩んでしまうのですが、親房は頼朝・泰時の二人が道理を重んじたことを、「頼朝と云人もなく泰時と云ものなからましかば、日本国の人民いかゞなりまし（この二人がいなかったら日本という国は無かった）」とまで絶賛。

そんな泰時が聖人君子と崇められる理由の④には、皇室が関わっています。

後堀河天皇は、病弱で譲位。二十一歳で崩御します。お子様がいたからいいようなものの、継いだのはわずか一歳の四条天皇（在位一二三二～四二年）。幕府は「大丈夫か」と止めたけど、強行。後鳥羽天皇の系統は排除したけれども、高倉─後高倉─後堀河─四条と来て、この系統の皇族は四条天皇だけとなり、「無事に成長できなかったらどうしよう……」と皇統の危機が認識されます。幼児死亡率が低くなったのは現代の約百年強。当時の人々の恐怖が想像できるでしょうか。そして予想できない形で皇統の危機が到来します。

十二歳の少年・四条天皇はいたずら好きで、女官を転ばせて面白がるべく廊下に滑る石を並べて遊んでいたら、自分がその石にすべって転んで頭を打って死んでしまいました。この話、仏教説話集の『沙石集』（一二八三年成立）や『百練抄』（十三世紀末頃の成立）、『五代帝王物語』（一二九八〜一三二七年頃成立）に書かれています。一二四二年のことです。

さて、当時の候補者の中で、誰が天皇にふさわしいか。鎌倉幕府の意向は、乱に参加せず、しかも自ら島流しを申し出た土御門上皇の忘れ形見の邦仁王《くにひとおう》です。邦仁王はこういうこともあろうかと出家せずに待っていました。

そして結局は後鳥羽天皇の系統に戻さざるを得なくなった時、幕府に弓を引いた順徳上皇の系統の皇子ではなく、土御門系の皇子に白羽の矢が立ったのです。邦仁王が即位、第八十八代後嵯峨天皇（在位一二四二〜四六年）となります。

既に土御門上皇は十一年前にお亡くなりになっていましたが、今の皇室の祖先で、皇室の正統（しょうとう）は土御門天皇〜後嵯峨天皇の系統に継がれました。だから後嵯峨天皇の子孫である皇室にとって、泰時は大恩人なのです。

皇室史において、土御門天皇は勝者です。

第十一節　モンゴルの脅威を書かない日本史教科書

泰時は、多くの善政を敷き、後世の模範となる武家政治を整えました。独裁を行わず、叔父の時房を連署として補佐役にし、政治は評定衆と決めました。御成敗式目を編纂する際には、自身も学者としての修練を積み、学識優れた側近を集めました。これほどドラマにしにくい人もいません。揉め事が起きる前に解決するので。

さて通説。

通説

北条泰時を継いだ第五代執権北条時頼は、政権発足初動で三浦氏を挑発して、宝治合戦で滅ぼす。また、評定衆の下に引付衆を設置、実務を担当させる。

という話だけが教科書に載っていますが、これでは時頼政権最大の課題がさっぱりわかりません。北条時頼の執権就任は一二四六年。既にモンゴルの脅威が迫っています。

当時の中華帝国は宋です。

宋はチャイナ史上最も文化的で周辺諸国に迷惑をかけなかった王朝です（九六〇～一二七九年）。なぜ文化的で迷惑をかけなかったかというと、弱かったからです。宋は一二七九年にモンゴル族に征服されて元王朝となりますが、それ以前から宋はモンゴル族ばかりでなく、満洲人をはじめ周辺諸民族に蹂躙され続けていたのです。

鎌倉には宋からの亡命者がやってきていました。時頼が創建した建長寺に招かれた蘭溪道隆をはじめ、亡命僧侶からモンゴルの脅威をさんざん吹き込まれ、鎌倉幕府は警戒感を強めていました。

モンゴル帝国が送ってきた外交文書は、「家来になれば殴らないでおいてやる」みたいな内容でした。他の国の外交文書より丁寧ではありましたが、そんなこと知る由もない。鎌倉幕府は元を敵認定します。

足利義満だったら、「喜んで♪」と家来になり、安全を保障してもらうでしょう。そして貿易で実利を得る。ただ、それは北条氏には出来ません。義満は独裁者でしたから、文句を言う奴がいても黙らせられます。しかし北条氏は同輩中の首席、裁判の公平を保っているので、みんなが「ま、いいか」と納得しているだけ。日ごろは力で抑えられても、売国奴外交なんかやれば一斉に反北条でリンチにされかねません。

三代将軍源実朝の死後、四～五代将軍は九条家から頼経・頼嗣、その後は第六代宗尊親王をはじめ皇族将軍を戴き、北条家の執権が征夷大将軍に代わり権力を行使します。頼経以降のパターンなのですが、幼少の将軍を迎えて傀儡にしても、成人したら反北条の連中が将軍にとりつくので、早めに京都にお帰りいただいて、次の幼少の将軍を招く、を繰り返しています。以後も、七代惟康、八代久明と繰り返し、九代守邦《もりくに》親王で滅びました。

外国の脅威が迫っている時に、征夷大将軍の代行者である執権が戦わないとなると、何の存在意義があるのか。

時頼には、全国を回ったという、廻国伝説があります。有名なのは「鉢の木」で、どんな貧乏でも「いざ鎌倉」という時には誰よりも早く駆け付ける武士が偉い、というお話です。この話に鎌倉幕府がモンゴルを撃退した秘訣が隠されているとは、小著『比べてみるとおもしろい「世界史と日本史」』（ＰＨＰ文庫、二〇二三年。初版は二〇一八年）に書いておきましたので、詳しくはそちらを。その秘訣は要するに動員力です。

第十二節　挙国一致体制下、四人目の源氏将軍が登場

幸い、時頼の時代にモンゴルは攻めてきませんでした。次代の北条時宗（一二五一～八四年）は警戒を怠らないどころか、ますます緊迫します。

通説 **鎌倉幕府が世界最強のモンゴル帝国に二度も勝てたのは、たまたま神風が吹いたからだ。**

要するに世界最強のモンゴル帝国に大苦戦の日本だったけれども、神風と呼ばれる台風が吹いたので船が撃沈、二度とも撃退したと言いたいようです。

最近の学界は、議論が微に入り細をうがちすぎて訳の分からない方向に行っているので、無視。

元寇は一回目が文永十一（一二七四）年の文永の役で、二回目が弘安四（一二八一）年

の弘安の役と呼ばれますが、珍説に言わせておけば「文永の役は威力偵察」だそうで。この説、大河ドラマ『北条時宗』でも採用されていて、マルコ・ポーロに「物見のようなもので」って言わせてました。それを言うなら、文永の役は水際撃滅で、弘安の役は艦隊決戦でしょうに。って件の大河ドラマ、最終回では元がてつはうを使って石塁に艦砲射撃をしていました。時代考証、どうなってんだ???　てつはうとは「鉄砲」とも書く巨大な爆竹です。石塁とは北条時宗が元の上陸に備えて築いた石の防塁です。ちなみに艦砲射撃は十九世紀発明の技術です。

閑話休題。絶望的に頭が痛いのは、戦時中に「元寇は北条で勝ったから、今度は東條で勝つ」とか訳の分からない精神論が振りかざされました。

こうした風潮に異を唱えていたのが、「嘘だらけ」シリーズ不動のレギュラーで「我らが菊ちゃん」こと石井菊次郎です。菊ちゃん「我邦人中にも往々此史実を知らざるか又は誤解して居るものがある」として窘《たしな》め、「元寇は神風が無くても勝てた！」と断じます（石井菊次郎『外交随想：石井菊次郎遺稿』鹿島研究所出版会、一九六七年）。

石井が強調するのは、挙国一致体制の確立です。

時頼は一二五六年に亡くなっているので、その間を分家の長時・政村が執権を継いで繋ぎます。時宗が十四歳になると政村の連署に。一二六八年、時宗は十八歳で執権、政村は連署に退きます。

実はこの時に、四人目の源氏将軍が登場しています。六代将軍宗尊親王が鎌倉から送り返された後、その息子の惟康王が三歳で七代将軍に就任しました（在任一二六六〜八九年）。この惟康王が一二七〇年に臣籍降下して、源惟康を名乗っているのです。そうさせたのは時宗です。

モンゴルという〝夷〟と戦うためには、源氏の〝征夷〟大将軍を担いで北条氏が代行するという形式が必要でした。「こんな大変な時にどうしておまえの言う事を聞かなければいけないのだ」と鎌倉武士に尋ねられた時に、「頼朝公を継ぐ人に代行して指揮を執るのだからお前ら従え、日本が滅んでもいいのか」と言うことができる必要があったのです。ちなみに源惟康はこの後、一二八七年に皇籍復帰して親王宣下がなされ、惟康親王という呼称が一般的となっていますので、教科書などには源惟康という名前は出てきません。

時宗は、反対派を粛清します（二月騒動）。これを「内輪揉めをしているようだから苦戦した」と評する人もいるのですが、逆です。裏切り者を抱えながら戦える訳が無い。外敵と戦う前に内なる敵を潰せ、は鉄則です。二月騒動の二年後が文永の役です。

ただ、動員体制だけは父の代から備えているものの、文永の役は手探りで、どんな相手が来るかも不明。対馬壱岐を蹂躙して進軍してきた元軍を、大宰府で迎え撃ちます。一騎打ち主体の鎌倉武士は集団戦法の元に苦戦します。とはいうものの、鎌倉武士は重装騎兵で、元の兵士は軽装歩兵。重装騎兵を相手にする軽装歩兵、感覚的には歩兵がバズーカで戦車に挑むような怖さがあるのです。激戦の末、夜になったので元軍は船に引き揚げ、日本軍も「明日はモンゴルに殺されるんだ」と恐怖の一夜。しかし朝になってみると、元の船は消えています。こちらも負けたと思っていたら、相手はもっと敗北感に打ちひしがれていたのでした。戦いではよくあることです。

この時の司令官、元の皇帝のフビライに対し「攻めてみたら手ごわかったんで引き揚げてきた」とか何とか報告しています（『元史』）。軍人とは、こういう風に強がりを言わねばならない仕事なのです。

最近では文永の役には神風が吹かなかったのではとの説もありますが、どうでもよろしい。何が起きるかわからないまま手探りで最善を尽くしていたら、ギリギリの戦いの末に撃退できました。なお、鎌倉武士は全軍を集結させる前でしたから、引き揚げた元軍の判断は正しい。

今度は、相手の情報、戦い方が見えてきました。時宗はいざとなったら天皇を鎌倉に移すつもりでした。松代大本営ならぬ、鎌倉大本営です。昭和のアホ軍人は負けそうになってから長野の松代に天皇の疎開先を作ろうとして昭和天皇に呆れられますが、時宗は最初からあらゆる事態に備えておく。また、時宗は九州の大宰府でモンゴルを迎え撃つつもりで、補給を無限に送り込むことにやる気まんまんでいました。一時は朝鮮出兵も考えています。

石塁を築き、戦法の訓練も研究徹底。陸で迎え撃つのではなく、船に向かって攻撃を仕掛けます。

いざ開戦。文永の役と同じく元軍は対馬・壱岐を蹂躙して迫りますが、今度は九州本土に上陸を許しません。昼夜を問わず奇襲をかけ、時を待ちます。季節は秋。台風が来るまで上陸させなければモンゴル軍は台風で撤退せざるをえない、つまり神風が吹くことになっているのです。そして神風が吹き、元の大軍は壊滅。北九州に援軍を差し向けている最中でした。

モンゴルにとって日本占領など、しょせん〝無理ゲー〟でしかなかったのです。言ってしまえば、勝つべくして勝った戦いです。

第十三節　元寇そっちのけで両統迭立の争い

北条時宗はモンゴルを撃退したのを見届けるかの如く、三十三歳の若さで病没します。そんな時、朝廷は何をしていたでしょうか。両統迭立の争いを繰り広げていました。

後嵯峨上皇の崩御後、兄の後深草上皇（在位一二四六～五九年）と弟の亀山天皇（在位一二五九～七四年）が世にも醜い派閥抗争を繰り広げていました。なぜ亀山天皇が即位したのかというと、後嵯峨上皇が陰気な兄より陽気な弟の方を好んでいたということも確かです。また、亀山天皇は北条時宗とたいへん気が合っていました。

後深草上皇と弟の亀山天皇の派閥抗争、この時代に女性週刊誌があって「皇室を残した方がいいですか」なんてアンケートがあれば、間違いなく危なかった。乱暴な弟に対して、いい人ぶりをするけど陰湿な兄。真面目な一次史料として『とはずがたり』をあげておきますが、後深草院二条という後深草天皇の女房として仕えた女性（愛人でもある）の日記風回顧録です。当時の退廃した朝廷の空気が分かります。

第八十九代後深草天皇と第九十代亀山天皇は、同母兄弟でありながら憎しみあい、それぞれに巨大な派閥ができます。後深草が持明院統、亀山が大覚寺統を形成します。結局、どっちが治天の君になるのか。母の大宮院（俗名・西園寺姞子《きつし》）が「死んだお父さんは弟を可愛がってましたよ」などと言うので、亀山が治天に。亀山上皇は息子を登極させます。第九十一代後宇多天皇（在位一二七四～八七年）です。これで持明院統が納得するはずがなく、「何の落ち度もなく皇位を取り上げられて、あんまりじゃないか」と幕府に工作する。

そこで幕府が出した妥協案が、両統迭立。「十年に一度、皇位を交互に交代する」です。そんな約束あったのか、しかも実際は十年ごとに交代でもないし、交互でもないのですが、「なんとなく交代で皇位継承」のような形になります。教科書的には文保元（一三一七）年の文保の御和談で成立したとされていますが、元をたどれば初動の段階で北条時宗が介入してどっちかに決めておけばよかった（おそらく仲の良い亀山の大覚寺統）。

左頁を見ての通り、どんどん血が遠くなっていきます。どっちも正統（せいとう）な王朝なのですが、正統（しょうとう）を決められず、二つの皇室ができます。皇室の歴史では、自分の子孫に皇位を継承させて正統（しょうとう）にすることが、勝者の証し。持明院統と大覚寺統は隙あらば、相手を抹殺しようとします。平安時代にも両統迭立はあったのですが、鎌倉時代は武力を用いて政治闘争をして良い時代です。最大の武力を持つ幕府は「頼むから巻き込まないでくれ」です。

鎌倉時代の天皇系図

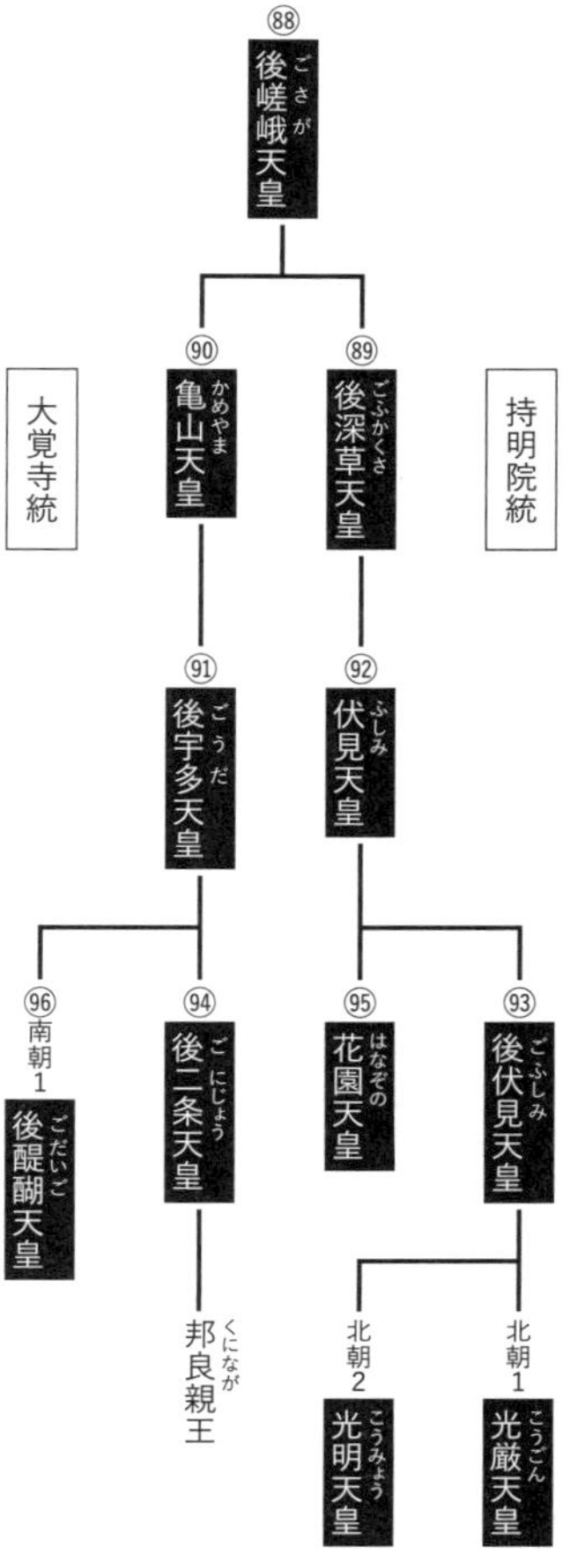

ちなみに、仲の悪い後深草上皇と亀山上皇が一時的に手打ちをした大事件が浅原事件です。一二九〇年、第九十二代伏見天皇を殺害しようとする浅原八郎を名乗る賊が宮中に入り込んだ大事件です。背後関係はうやむやになりました。

こういう人たちが、「祈って神風を起こしたのだから恩賞があるべきだ」とか言い出す。敵から領土を奪った訳ではないので武士に与える土地が無いのに、何を言い出すのやら。

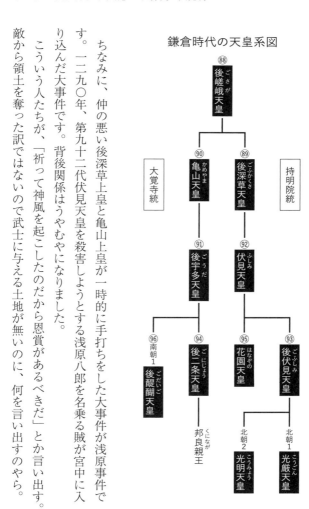

第十四節　あるべき天皇像を模索した花園天皇

実はモンゴル軍は、負けることをあまり気にしません。目的地と期限を決めてそこに至るまでは、つまり締め切りを守りさえすれば途中でどんな略奪をしてもいい、という人たちでした。相手が強くて略奪できなければ、そこは避けて目的地に向かいます。それを負けとは思わないのです。

ただ、日本相手にはしつこい。征日本行省なんて訳の分からない役所まで作る。「日本を征服するぞ省」です。最近の日本にも訳の分からない名前の役所が大量発生していますが、元はお役所仕事としてもセンス無さ過ぎる。

時宗の息子の貞時の代の一二八五年、御家人の安達泰盛が身内人の平頼綱に粛清される事件が起きます。安達は幕府草創から北条の盟友で貞時の外戚、身内人は得宗家の被官です。本来は北条と対等のはずの御家人が、その家来に粛清されました。権力は得宗家に集中します。頼綱は専制を確立しますが、その頼綱も成長した貞時に粛清されます（平禅門の乱）。

貞時は専制を強めて三度目の元寇を警戒しつつ、窮乏する御家人の救済に乗り出し、借金の棒引きもします（永仁の徳政令）。ところが最初は政治に意欲的だった貞時も、途中からおかしくなります。執権をいとこで娘婿の師時に譲った後も得宗として実権を握るのは、「よくある院政」なので構わないとして、一三〇五年の嘉元の乱では「暗殺する相手を間違えてしまう」という訳の分からない結果に……。ほどなくして貞時は死去。

得宗家ではない、師時・宗宣・熙時・基時の北条家庶流から就任した歴代執権は、得宗家の家臣扱いです。得宗家の家老である内管領を務める長崎氏に権力が集中します。

こんな時代の一服の清涼剤とも言うべきが、第九十五代花園天皇（在位一三〇八～一八年）です。花園天皇は後醍醐天皇に譲位した後、一三三〇年に『誡太子書《かいたいしのしょ》』を書き上げます。甥の量仁《かずひと》王（光厳天皇）に対して、「乱れている今の時代、君たるものが立派でなければ民に見捨てられる、おまえらは世間知らずの甘ったれだからしっかりしろ」といった厳しい言葉遣いで、「どうして皇室が必要なのか問われるような時代には、天皇自身が天皇になる前から人格を磨く修行をしなければいけないのだ」との教えを残しました。

第十五節　なぜ鎌倉幕府は滅んだのか？

鎌倉幕府は、特に北条執権政治は、考えてみれば無敵の政権でした。承久の乱では賊軍となったにもかかわらず官軍を粉砕。戦術レベルなら頼朝は錦の御旗を撤回させましたし、後の応仁の乱での畠山政長のように治罰の綸旨をもらいながら負けた人はいます。しかし、最終的に、戦略において朝廷に完全に勝ったのは、鎌倉幕府だけです。また、世界最強のモンゴルをつい最近倒したばかり。義時、泰時、時頼、時宗、貞時と五代続けて名君が出ています。

そんな鎌倉幕府が、貞時の後半には堕落、その子の十四代執権高時が執権に就任した一三一六年には、単なる先例墨守主義の硬直した集団に成り下がっていました。

さて、ここで通説。

通説

元寇に勝利した後に幕府は恩賞を配れず、幕府は三度目の元寇に備え続けたので、財政負担が全国の武士にのしかかり、貨幣経済の浸透にも対応できず、御家人たちは

困窮した。それにもかかわらず、内管領が実権を握る得宗家は無策で、鎌倉幕府の存在意義である裁判の公正すら保てなくなっていた。結果、多くの人々の不満が募り、後醍醐天皇の蜂起は成功する。

内管領の長崎高資は紛争当事者の双方から賄賂をとっていたので裁定できず、現地の人々は自分たちの土地を守ろうと殺し合いを始めたけど、幕府は何もできなかった。なんてエピソードを語られたら、鎌倉幕府の崩壊は必然であったかのように思えてきます。

しかし問題が生じ、政権が当事者能力を無くしただけで崩壊が必然なら、なぜ平将門の乱から源頼朝の幕府樹立までに二百五十年もかかるのか。その間、問題は放置され放題でしたが、朝廷が権力を失った訳ではありません。

矛盾と言えば、当時の日本は誰が一番偉いのか、訳が分かりません。京都には治天の君がいて、他にも最大で六人の上皇が同時に存在しました。現職の天皇がおり、摂政関白のどちらかがおり、太政大臣と左大臣のどちらかは必ずいます。鎌倉には将軍がいて、得宗家があり、執権が別にいて、その下に内管領がいます。天皇から見れば、家来の家来の家来が最大の権力者です。

ところが、政治的経済的、日常の裁判など、色んな矛盾を抑え込む権力を、鎌倉幕府は握っていました。後醍醐天皇が討幕を決意した時、側近は「まだ関東の力は強いので」と止めています。何より鎌倉の末でも、最強の武力を握っているのは幕府です。勝機が後鳥羽上皇には九割あったとすると、後醍醐天皇には一割もありません。しかし結果は逆です。歴史の必然なんか言い出したら、ある時期以降の室町幕府なんて滅ぶ必然しかないと思いますが、それでも応仁の乱から百年以上も存続しています。

鎌倉幕府滅亡は一三三三年ですが、この時点でも九州の合戦では鎌倉方は勝利しているのです。いっしょに討幕に立ち上がった菊池氏を少弐氏が裏切ったので、建武の親政が始まるとバツが悪いじゃ済みません。当時の人々は、必然など感じ取っていません。

言ってしまえば、「後醍醐天皇が不屈の執念で立ち上がり、足利高氏が裏切って後ろから北条を刺したので滅んだ」という、合理性もへったくれもない、しかし事実ではある説明で何が問題なのか。

滅んだからには滅んだ理由があるだろう、えてして歴史学者は結果から逆算して理由を探し始めます。では、本当にその理由で滅びるのか？

こうした疑問に対し、『鎌倉政権得宗専制論』（吉川弘文館、二〇〇〇年）などで知られる歴史学者の細川重男氏は、鎌倉時代の末期には、三パーセントの特権階級が残りの九七パーセントを搾取する体制になっていた、という研究を発表しています（『北条氏と鎌倉幕府』講談社、二〇一一年）。幕府滅亡の説を細川氏はいろいろ紹介していますが、その細川氏自身が、滅亡の理由はよくわからない、としています。非常に歴史に対し誠実な態度と感銘を受けましたので、紹介しました。

歴史は実験が不可能な学問ですが、本当に政権を倒せる必然があるなら、一度革命を起こして実験してみれば良いのです。

本当に革命を起こしたのが、後醍醐天皇だったのですが。

第二章　南北朝時代　正論が通らなくなる呪い

第一節　日本史最大のヒーローだった楠木正成

不屈の闘志で立ち上がり、遂に鎌倉幕府を倒した後醍醐天皇。その帝の呼びかけに応じ、神出鬼没な天才的戦術で鎌倉幕府を翻弄したスーパーヒーローが楠木正成（一二九四？～一三三三年）でした。まず通説。

通説 **楠木正成は明治・大正・昭和戦前と最大のヒーローだった。それが敗戦後は一転して悪党とされた。**

この説では、明治から戦前日本ではヒーローで戦後日本は悪党にされる、単純な図式で語られます。じゃあ、その前と後はどうなのか？　最近では楠木正成に対し正義も悪もなく、イメージがわかない人がほとんどじゃないでしょうか。教科書で名前を聞いたことがあるくらいで。何より大事なことは、楠木正成は明治政府が作りあげたヒーローではありません。江戸から大人気です。

江戸幕府討幕に走る志士たちは、自分たちを楠木正成に見立てたものです。たとえば、高杉晋作は、「楠樹小史」と号しています。たった一人で挙兵した功山寺決起など、湊川に向かう正成の心境そのものだったでしょう。

明治政府は、「御一新」を大化の改新、建武の中興とともに三大改革と位置づけていました。では、実態はどうだったでしょうか。

まず、楠木正成は、生まれがよくわかりません。どんな人かも諸説あってわかりません。活動期間が六年と短く、史料もほとんど残っていないので。

正成は最初、「悪党」と呼ばれていました。悪党については、文字通り盗賊を指す説もあり、単純に鎌倉幕府の支配下に入っていない武士を指すという説もあり、武士と商人の両方をやっているような人たちを指すという説もあります。最近では、得宗の北条高時の被官だったとする説もあります。確かに、正成が高時の命令で鎌倉幕府に逆らった土豪を次々に討伐したという、記録自体はあるようです。身分の高い武士でなかったのは確かですが。

この人物、謎だらけです。そもそも、なぜ後醍醐天皇の呼びかけに応じて決起したのか。

ここで余談。大河ドラマ史上最高傑作と評されるのが、一九九一年放送の『太平記』です。元号でいえば平成三年。皇室を真正面から扱う時代だけに、昭和期には企画が通らなかったとか。南北朝時代は政治が複雑怪奇、変幻自在で、マトモにやれば三年はかかる題材です。しかし、昭和天皇が崩御した時代の大きな変わり目にこそやるべきだとの、スタッフの強い意欲で実現したとか。主役にあえて難しい人物である足利尊氏を据え、第一話冒頭をベルリンの壁崩壊の記録映像から始めるとの意欲的な作品となりました。尊氏を演じた真田広之の当時三十一歳とは思えない老練な演技が、いまだに通に評価されています。

さて、『太平記』を描くに欠かせない超重要人物である正成には、武田鉄矢を据えました。武田は『三年B組金八先生』を演じた、言うなれば戦後民主主義の象徴。お世辞にも二枚目俳優とは言えません。

それはともかく武田の演技、見事にハマっていました。脚本の池端俊策は、ときどき金八先生に見えなくもない言動をさせながらも、時代や価値観を超越した普遍的なヒーロー像を描き切りました。

弟の正季（赤井英和）に「自分の屋敷に土足で踏み入られ、田畑を踏みにじられて黙っていられるのか」と詰め寄られ、「床を拭いて、また野菜を植えればいい」と憲法九条平和主義のようなことを言わせながら、帝の助けに悩みに悩みつつ、虐げられた者を助けるために立ち上がる姿を描いています。長年慣れ親しんだ己の屋敷に火をかけて出陣、長い戦いを決意する。争いを避ける穏やかな性格で思慮深い性格ながら、正義感が強い人物像です。

第二節　後醍醐天皇は傍流の傍流

現代でたとえると、楠木正成が藤井寺市選出大阪府議なら、後醍醐天皇は東京都知事でしょうか。藤井寺は当時の国名だと河内にあります。ちなみに当時の日本の首都は京都ですが、「首都の知事」ということで。現代日本でも、東京都知事は他の首長を圧する発信力があります。

さて、後醍醐天皇は、「良いことをすれば良いことが起きるのが当然だ」と考えていた節があります。立派な帝王になるべく修練を積んだのは確かですが、君主がこれをやって権力を求めると危険思想になります。「ならば名君でなければ君主制を廃止していいのか、君主に取って代わっていいのか」という話になりますから。事実、すべての中華王朝は、それを名目に滅ぼされています。逆に言えば、「名君でなくても王様に逆らってはダメ」にしなければ、国は安定しません。

即位した後醍醐天皇は、実際に権力を振るい始めました。その様子はまさに「京都市長」です。六波羅探題も、「こちらは監視するのが役目なので勝手にどうぞ」という姿勢でした。

最初は父親の後宇多天皇が院政を敷いていましたが、隠居してもらって後醍醐天皇は親政を開始します。

八十五頁の系図を見てください。両統迭立の問題がわかります。二つに割れた皇統が、さらに分裂するのです。大覚寺統は次男の系統で、後醍醐はさらに傍流。大覚寺統は持明院統と熾烈な本流争いをしているのですが、後醍醐はただの中継ぎ。よほどのことがなければ、本流にはなれません。

この問題、持明院統では花園天皇が譲ったので、解決しました。甥の教育に心血を注ぐとは、長男の本家を大事にするということなのです。

一方の大覚寺統は、誰も譲りませんでした。特に現職天皇の後醍醐天皇は、仁政をしいて、徳のある自分の子供に皇位を継がせるべきだと考えました。しかし現実には「京都市長」「東京都知事」が何をしても、国政に影響力を及ぼせません。ならば国政を動かすには討幕しかない。

正中元（一三二四）年に正中の変が起きます。後鳥羽上皇以来の「主上御謀反」です。密告があり、未遂で発覚しますが、後醍醐天皇がシラを切り通して終わります。中世史学者の亀田俊和氏は『征夷大将軍・護良親王』（戎光祥出版、二〇一七年）で、本当に謀反など計画していないからシラを切り通せた、と主張しています。真偽は永遠の謎ですが、計画者の一人とされた日野資朝という公卿が佐渡に配流された後に斬首されて終わりました。

一三二七年に両統迭立の期限がやってきますが、後醍醐天皇は居座ります。

そうこうするうちに、元弘元（一三三一）年に元弘の変を起こします。その間のドタバタは省略。後鳥羽上皇の百分の一の緻密さもありません。とにもかくにも、奈良県の笠置山に逃げ込んで立てこもります。

鎌倉幕府は、持明院統の光厳天皇を立てました。

孤立した後醍醐（この時は天皇ではないはず）は、諸国の武士に呼びかけます。その中で最も頼りにされたのが、楠木正成。ということになっています。

第三節 「バーチャル武士道」とは全く無縁な楠木正成

ここから、古典『太平記』ならではのSFじみた展開が始まります。

悩む後醍醐天皇の夢に二人の童子が現れます。後醍醐天皇は紫宸殿に似た場所にいました。大きな橘の木があり、その下に、すべての官人が並んで座っていましたが、南を向いた、天皇が座るべき畳を敷いた上座には誰もいませんでした。そして、童子が、「この世界に、あなたがしばらく身を隠せる場所はありません。ただし、あの木の陰に、南向きの座席があります。これは、あなたのために設けた君主の座席ですので、しばらくはここに座ってください」（『太平記（上）』亀田俊和・訳、光文社、二〇二三年）と告げるのです。「木」の陰に、「南」向きの座席、です。目を覚ました後醍醐天皇は側近に、これこれこういう夢を見たのだが、もしかしてこのあたりに「楠」と呼ばれる武士はいないかと尋ねます。召喚の使者からこのいきさつを聞き、感動した楠木正成はただちに馳せ参じた、というのですが、嘘だろ！ 出来過ぎです。しかし、意外に、そういった手の込んだ芝居が行われた可能性はあります。

では、なぜ正成が勝てるはずがないと分かっている戦いに、馳せ参じたか。理由がよくわからないのです。

古典『太平記』があげる三十万とか五十万とか八十万などと伝えられている数字はともかく、鎌倉幕府がたいへんな数の軍勢で京都に向かって押しかけてきたのは確かです。子供が考えても分かる兵力差だったのは間違いありません。

特定できる事実だけで語ると、幕府の大軍を相手に正成は千早城と赤坂城に籠もり、ゲリラ戦を展開します。攻め寄せる幕府軍との一騎打ちを避け、山の上から石やら熱湯やら糞尿をぶっかけて撃退する。時に夜襲をかけて、あわよくば補給に打撃を与える。ちなみに江戸時代には「楠は鼻をつまんで下知をなし、くその煮へたまで楠は知てゐる」（『俳風《はいふう》柳多留《やなぎだる》』）と歌われました。

後醍醐天皇はあえなく捕まり、正成は城に火をかけ自害したと見せかけて逃亡します。

平家の滅びの美学は、『平家物語』が伝えます。鎌倉幕府要人八百人も、炎の中で集団自殺します。後の室町の武将にも、敵に見せつけるように豪快に自害した武将がいます。ところが正成は、滅びの美学とは無縁のリアリスト。逃げる前から、次の戦いの勝利に向けて準備をしているのです。

後醍醐天皇は一三三二年、隠岐島に島流しとなりました。外国人からすると、この感覚にはついていけないそうです。なぜ、そんな遠くの、目の届かない場所に流すのか？ それは、リターンマッチを仕掛けてこいと言っているようなものだそうで。東洋でも蔣介石なんて捕まえた張学良を死ぬまで目の前で監禁し続けました。

後醍醐天皇の皇子・護良親王は高野山に落ち延びて、味方となる戦力のネットワークをどんどん築いていきました。その中心は、現在の大阪を拠点とする正成、兵庫県を根城にする赤松則祐という土豪です。鎌倉幕府の西国の拠点は六波羅探題ですが、三方向から包囲して決起の日に備えます。

江戸時代、「美しい滅び」「死んでも忠誠を尽くす」が武士道とされました。そんなのは平和な時代の「バーチャル武士道」です。正成には無縁です。

とは言うものの、そこから正成の謎。どうやって強大な鎌倉幕府に勝つつもりだったのか。後世の発言と併せると、「世論の支持を失っているから勝てる」です。ちなみに、後醍醐天皇は世論の支持が無いから勝てないので、足利尊氏と和平せよとの文脈です。

要するに、「自分が幕府の軍勢を叩きのめしていると、全国の武士が蜂起するので倒せる」です。言ってしまえば、他人任せ、誰も蜂起しなければ野垂れ死にです。その時は、また偽装敗北で逃げて立て直したのでしょうが、長い戦いです。

「どうなるか」の確率論で言えば鎌倉幕府が勝つに決まっているけど、「どうするか」の勝算はある。しかし、それは長く苦しい戦いになる。

正成の残した数少ない言葉に、「非理法権天」があります。非道は道理に、道理は法に、法は権力に、そして権力も天には勝てない。「政治家の実力は運を引き寄せること」と説いたのは政治学の祖、ニコロ・マキャベリでしたが、正成は優れた軍略家であるだけでなく、政治哲学者でもありました。

第四節　もし足利高氏が裏切らなければ？

護良親王、正成、赤松が決起、全国で騒乱が惹起されます。今度も正成は千早～赤坂の要塞ネットワークに立て籠もり、幕府軍を翻弄します。赤松も播磨国（兵庫県）の白旗城で幕府軍に善戦、六波羅探題を脅かすほどに。全国に「幕府、弱いんじゃない？」との空気が広がり、そのたびに幕府は大軍を招集、それって「死ぬ可能性付き増税」と同じですから不満が広がります。

後醍醐天皇も配流先の隠岐から脱出、地元の名和長年という有力武士の弟・長重が背負って船上山《せんじょうせん》という山の上に運ばれ、そのまま船上山上に立て籠もります。全国の武士に綸旨を出します。この時、自分の命令書を自分で偽造したとか訳の分からない話は省略……したら本当に訳わからないので、ちょっとだけ解説。天皇の命令書は、「お上が仰ってます」と臣下が書く様式が決まっているのですが、帝は自分で書いて「千種忠顕」とか署名する（笑）。

この頃の体制は、六十六国の内、北条が三十か国ほどを所領していました。絶対与党です。その中で三河と下野の二か国を領有していたのが、ゆ党第一党の足利高氏。ゆ党とは、与党に友好的な野党の事です。鎌倉時代を通じて足利は、まさにゆ党。政権には入れてもらえないけど、代々当主が北条氏から嫁を迎え入れてきました。高氏の正室は、第十六代執権赤橋守時の妹・登子。清和源氏の嫡流を自任する名門です。この足利は一万の兵を率いて、京都に進発させられます。

京都についた高氏は突如裏切って、六波羅探題を襲撃。一日で滅ぼしてしまいます。京都の北条軍は光厳天皇を連れて逃げようとしたけど、放り出して集団自殺。残された天皇は、途方に暮れたとか。当たり前ですが。

高氏謀反と六波羅陥落は、全国の武士に衝撃を与えます。今に例えると「自民党から百人くらいの議員が脱党、少数与党に転落した」くらいでしょうか。

この時、上野国（群馬県）の名もなき武士の新田義貞が、百五十騎を率いて決起します。どれくらいの無名か。「無名の前橋市議が新党をたちあげた」くらいです。この新田の軍勢に高氏、四歳の息子の千寿王（後の義詮）を送り込みます。すると、「足利が立った！」と関東中の武士が集結しながら鎌倉に向けて進軍します。

鎌倉武士たちは奮闘、一刻に十回の突撃を敢行した人もいたとか。計算すると十二分に一回やってます。どうやって数えたんだ？

新田義貞、泣きたくなるような戦下手なのですが、この時はビギナーズ・ラック。祈りながら黄金の太刀を海に沈めたら潮が引いたんで攻めこんだ、とか後の南北朝期の攻防を見るとそんな面倒なことしなくてもいいのにみたいな演出をしながらも勝利。

鎌倉幕府要人は軒並み集団自殺します。例外が、少年ジャンプ『逃げ上手の若君』の主人公となっている高時の嫡男の時行《ときつら》。それに旧体制で執権にしてもらえないとか、まるでおいしい思いをしてなかった高時の弟の泰家。

これじゃ、「高氏が裏切った勢いだけで勝った」って感じですが、現実の歴史ってそんなもんでしょう。何か合理的な必然なんかで綺麗に説明される方が嘘くさい。

高氏の功績、後醍醐天皇はよくわかっていました。後醍醐天皇、恩賞に不公平と評判なのですが、高氏には自分の本名である（諱と言います）尊治から一文字を与えます（偏諱《へんき》と言います）。ここまで「高氏」と表記し続けましたが、この後は「足利尊氏」を名乗ります。もっとも後の南朝の連中の中には、怨念を込めて「高氏」と記していた人もいますが。

さて、高氏が裏切ったので勢いがつきましたが、負ける可能性もありました。高氏が高氏のままで安住する道を選んでいたら、討幕は成功していたのか。

歴史に「どうなるか」の必然など無く、ましてや「予想屋さん」に堕して悦に入るなど愚劣です。だからこそ「どうするか」を考えて、実現した楠木正成は優秀なだけでなく、崇高ですらあると評したら、おかしいでしょうか。

第五節　事実と向き合わない後醍醐天皇

後醍醐天皇は当時の数え方では第九十五代天皇です。神功皇后を代数に数え、弘文天皇と仲恭天皇を外しているからです。

さて、元弘の変で後醍醐天皇は廃位され、光厳天皇が立てられました。そして討幕に成功し、京都に帰ってきて権力を握りました。光厳天皇を第九十六代、自分を重祚した第九十七代天皇とすれば事実通りです。しかし、自分が廃位された事実をなかったことにし、ずっと自分は天皇であり続けたことにしました。当然、光厳天皇の即位も歴史上から抹殺。「形式合理性、何それ?」って人です。

それでも「勝ったんだから、大目に見てやる」とばかりに、光厳院を「不登極帝」の扱いにし、上皇にしてあげました。それが現実的なんだと思ってんでしょうが、とことん事実と向き合わない。

この姿勢、足利幕府にも顕著なのですが、実質合理性だけで統治ができるなら、官僚機構などいりません。官僚の暴走も問題ですが、武力のような実質合理性だけで統治していると、権力者が力を失った時に法秩序が乱れます。後醍醐天皇が始めた建武の親政も足利幕府も、秩序を作っていかねばならないのに、形式合理性をおろそかにした。前代の頼朝は京都から大江広元のような優秀な文官を連れてきて幕府の制度を整備させますし、後の徳川幕府も形式合理性を極めて大事にします。この点、「東国国家論」の議論が疎かにしているので、私は「権門体制論」に共感しています。

ちなみに形式合理性は、庶民生活も含め実質に関わります。この時点ですでに元号が二つ存在しました。後醍醐天皇の「元弘」と光厳天皇の「正慶」です。

その後、南北朝の動乱になったので、常に二つ以上の元号が存在することになります。

いつの時点でどの元号を使うか自体が党派性を表すのです。

本書は日本史の本なのに基本的に西暦表記です。文句がある場合には後醍醐天皇までお願いします。著者および扶桑社は受け付けません。

それはさておき、元号でも後醍醐天皇はやらかしました。

後醍醐天皇は、鎌倉幕府を倒し、光厳天皇から皇位を奪い返しました。光厳院を不登極帝にしたまでは良いとして、そこで立派な元号を決めて「正真正銘の後醍醐天皇の世の中になったんだ」と示せばよいのです。

そんな時に選んだのが、建武。奈良時代の四字元号シリーズ（天平感宝、天平勝宝、天平宝字、天平神護、神護景雲）と今の令和と合わせ、私は七大バカ元号と呼びます。四字元号シリーズのダメさ加減は不吉が続いたからです。令和がなぜダメか。ここで中世史の観点から一言。問題は「令」です。これは皇太子に使う字であって天皇に使うではありません。詳しくは、『検証 内閣法制局の近現代史』（光文社、二〇二二年）に書いておきました。元号は、どこからもケチがつかない文字を二つ並べるものです。

建武がなぜダメかというと、後漢が復活した時の元号が建武だからです（西暦二五～五六年）。日本の元号は、漢籍から取るのが習わしです。しかし、漢籍からそのまま元号を取るわけではないというところに、日本は中華帝国の属国ではない、ということの証の一つがあるのです。ベトナムなどは、中国が強い時には自分で元号を選ぶことはできませんでした。朝鮮などは、元号のほとんどを当時の中華帝国に準じて使用しています。漢籍から勝手に取るから日本の元号なのです。当時の公家は、建武という元号は動乱を呼ぶからやめろ、と反対しますが、後醍醐天皇は強行しました。後醍醐天皇には強烈な個性があるので天皇の代表といったイメージが一般的にはあるようなのですが、天皇らしくない天皇です。

はっきり言います。建武は〝バカ元号〟です。

第六節　武士たちの共同幻想

南北朝時代がいつからいつまでなのか。開始時期については一三三三年、一三三四年（建武の親政の開始）、一三三六年、一三三八年（足利尊氏の征夷大将軍就任）と諸説あるのですが、一三九二年に南北朝合一して南北朝時代が終わった、というのはどの歴史教科書にも書いてある話です。

一三九二年に南朝が三種の神器を返して動乱が終わったと言いたいのでしょうが、その後も南朝は抵抗し続けていますし（後南朝）、大勢はとっくに見えています。有力大名が軒並み足利幕府に降伏した一三六三年とか、義詮が死去した一三六八年くらいが実質的な南北朝の終焉と捉えて良いでしょう。こんなところで中途半端に形式を持ち出されても。

それはさておき、鎌倉幕府を滅ぼして開始された後醍醐天皇の親政は「建武の新政」と呼ばれます。戦前は「建武の中興」と呼ばれました。古いものを復活させた中興か、新しいことを始めた新政か解釈が分かれるところなので、私は客観的に誰もが認めうる「親政」を使います。

さて、江戸以来のヒーローの楠木正成、同時代人にはどう思われていたか。まずは楠木正成がヒーローだとされる通説です。

通説

鎌倉幕府の圧政に対し、後醍醐天皇は親政の正しい世の中に戻すべく決起した。これに忠臣楠木正成は呼応。まだまだ鎌倉幕府の力は強く、後醍醐天皇は隠岐に配流され、正成は死んだと思わせて退く。しかし、再び決起。討幕の火の手は全国に広がり、足利尊氏・新田義貞が挙兵して討幕は成功した。

しかし、建武の親政は武士たちの不満にこたえられず、北条氏の残党が決起した中先代の乱を機に足利が謀反。一度は撃退するが、正成の献策は容れられず、すぐに足利が復活。なおも正成は献策するが、佞臣の坊門清忠により退けられる。
死を決意した正成は、息子正行に大きくなれば帝に尽くすよう諭す（桜井の別れ）。そして少数で足利の大軍に突撃。弟の正季と「七生報国」を誓いながら、自害する。

大迷惑なのは、これが長らく本気で信じられていて、昭和期など「親政」を言い出すアホが続出したことです。「天皇親政」を目指してテロを起こした愚か者は論外として、軍のお偉いさんが政党政治を否定する文脈で「天皇親政」と持ち出すから、頭が痛い。日本近代史に登場する右翼って、天智天皇とか後醍醐天皇とか親政をやった天皇が普通だと勘違いしているのですが、事実は逆。たいていの天皇が不親政だったから、長く続いてきたんだと考えない。憲法学者の美濃部達吉などは日本の歴史的な天皇不親政の文脈で立憲君主制を位置付けたので、昭和天皇は「美濃部こそ真の忠臣」と仰られたのです。ちなみに昭和天皇は明らかに、後醍醐天皇を好んでいませんでした。
江戸時代の「バーチャル武士道」の本質は、「バカな主君に従って死ぬのが武士の道だ」

です。名君には誰でも従うからです。実に体制側に都合がいい。正成を持ち上げるのは、後醍醐が暗君だと隠喩しています。

とは言うものの、後醍醐天皇は最近の研究ではかなり見直されています。特に亀田俊和先生などは「後醍醐天皇の政治は、恩賞は言われるほど酷くなく、後の室町幕府に受け継がれるほど開明的だったけれども、時代を先取りしすぎたので失敗した」と評しています。有力な新説のようです。

では建武の親政は、当時の武士たちの期待に応えられたか。

当時の武士たちの価値の根源は土地です。一族の所領を守る為なら平気で命を捨てるけど、妻と幼い子供しかいないような心もとない状況なら、いかなる卑怯な手段を用いてでも生き残るし、プライドなんか関係ない（こういうエトスを描いた名作が、呉座勇一『戦争の日本中世史』（新潮社、二〇一四年）です。この人、この本でリベラルを自称していたのに、なんでパヨクに叩かれる運命になったんだろう……）。一つの所領に命を懸ける「一所懸命」とは、そういう意味です。

その上で、「名取《なとり》」という言葉があります。名誉と利益が武士の生き様であり、しょっちゅう「命を惜しむな名を惜しめ」と言われました。命懸けで戦ってもらうには、「勝ったら所領を保障する、増やす」のほかに、共同幻想を振りまく必要があったのです。誰だって、生きて栄華を得たいですから。

さて、討幕がなりました。平和な時代なので、土地が欲しい。しかし、後醍醐天皇の恩賞は公家に厚く、武士に薄かったとよく言われています。

当時、三木一草という言葉がありました。楠木正成（くすの「き」）、名和長年伯耆守（ほう「き」のかみ）、結城親光（ゆう「き」）で三木、千種忠顕（ち「ぐさ」）で一草、この四人が後醍醐天皇から重用されて厚く恩賞にあずかった人たちとされています。正成は、河内・和泉・摂津の三国を得ます。つまり今の大阪府をもらいました。他に新田義貞も親政で重用されます。

親政の評判が悪いのを感じ取ったか、尊氏は自分では政権に加わらず、弟の直義や執事の高師直を送り込んだので「尊氏なし」と言われます。自身は恩賞に不満な武士たちの人生相談。勝手に奉行所を開いたような格好になります。駆け込んだ筆頭が赤松円心。哀れ、護良親王の側近だったということで、天皇に隠岐までついていった寵妃の阿野廉子に嫌われました。赤松は、護良親王を見限り、尊氏の忠臣となり、死ぬまで裏切りませんでした。

ちなみに鎌倉では幼い義詮にその役割を果たさせ、居場所がなくなった新田義貞は鎌倉を捨てて上京します。

建武の親政は、なんでも親裁、それも形式的な親裁でないのに下にマトモな実務者がいないので、行政は大混乱します。これは後醍醐天皇を庇う見方からすると、行政機構を作っている最中の初期不良で政権そのものが崩壊したと評することになります。

まずはこれ。

第七節　建武の親政が失敗するに決まっている理由

通説と呼ぶのもおこがましい、アホが引用する常套句

後醍醐天皇は「朕が新儀は後世の先例たるべし」と言ったんだ！

先例なんてどうでもいいんだ！

実際の後醍醐天皇は有職故実の専門家でした。『建武年中行事』という全三巻の本も書いています。有職故実の専門家だからこそ、あるべき姿に戻ろうとしたわけです。

ちなみに天皇の名前は、普通は死んだ後に贈られるので、「おくりな」と呼ばれます。

しかし後醍醐天皇は自分で生前から決めてました。「平安時代の名君と言われた醍醐天皇にならって名君になろう」との意味があります。ちなみにお父さんも自ら後宇多、息子は後村上です。

後醍醐天皇は必ずしも公家から支持されていた訳ではありません。通説では『神皇正統記』（北畠親房、一三三九年成立・一三四三年改訂）は南朝正統論のイデオローグと言われています。しかし、『神皇正統記』を書いた北畠親房というジイさんの思考回路は、螺旋階段のように真っ直ぐなのです。方向は一直線に向かっているのですが、論理展開はぐるぐると回ります。

ここの「正統」は「しょうとう」と読みます。近代では「正統（せいとう）」という意味で使われますが、「せいとう」と「しょうとう」の意味は違います。正統（せいとう）は、「正しい」という意味です。反対語は「異端」「偽」です。歴代の天皇に数えられている方々はすべて正統（せいとう）です。古代の神功皇后も飯豊青皇女も正統（せいとう）ではありません。北朝五代も正統（せいとう）ではありません。ただし、北朝五代は「偽」ではなく、「閏」です。明治政府がそうしました。

対して正統（しょうとう）とは、神武天皇以来の皇統を伝えている方々のことを指します。自分で天皇にならなければ正統（せいとう）ではないのですが、子孫が天皇になれば正統（しょうとう）です。

北畠親房によると、「正統（しょうとう）」の反対語は「凡《おおよそ》ノ承運」です。親房は、神道、仏教、儒教に通じていました。いいことをやった人が天皇になる、正統（しょうとう）になる、という独自の理屈を、神仏儒の三つの教えに従って折衷していきました。『神皇正統記』は、神武天皇から後村上天皇までの歴代天皇の伝記です。どの天皇の系統が正統（しょうとう）なのかを事実に基づいて明らかにするという立場を貫いています。公家の優位性を論じながら、源頼朝や北条泰時の功績は認めます。

そして、同時代の後醍醐天皇の次に頁数を割くのが、嵯峨天皇。親政をしないで文化を興隆させたとこれでもかと持ち上げ、もはや不自然なヨイショ。泉健太を持ち上げる倉山満の如し（立憲民主党前代表の泉、誰も褒めてくれないんで三十年来の仲で正当評価したげただけなんですけどね）。しかし読みようによっては、後醍醐天皇への手の込んだ嫌みの書きっぷりです。後醍醐は公家びいきと言われるのですが、当の公家たちからは公家社会の伝統をぶち壊しているようにしか思われないのです。そして諸事ままならず、苦し紛れに出たセリフが「朕が新儀は後世の先例たるべし」です。

白河天皇も同じことを言っていますが、白河には実力がありました。

後醍醐天皇、どこに権力基盤を置こうとしていたのか、よくわからないのです。事実、公家からも武家からも不満を持たれました。

当時はやったのが、二条河原の落首。「この頃、都に流行るもの、夜討ち、強盗、偽綸旨」です。

フランス革命でも、「王政→共和政→帝政→また王政」と何度も革命が起きると、三つの政権が発行した一つの土地の権利書などが出現します。革命で権力が代わると、偽物にされてしまいます。同じことです。

結局、この状態を解決するには、信頼される政府を樹立するしかありません。

鎌倉幕府、建武の親政、そして足利。庶民は誰が統治者でも関係ない。自分の生活を守るだけ。「略奪されたら落ち武者狩りで取り返す」が基本で、一方的に虐げられる弱い庶民なんて生き残れません。公家や寺社のような権門は既得権益の死守に汲々としています。

そして時代の中心は武士で、自分の土地を守ってくれるなら、誰でもいいのです。

第八節　果てしない戦いの始まり

政権奪取がなったら、功労者たちの権力闘争が起きるのは世の常。護良親王は「最大の功労者の自分を征夷大将軍にしろ」と要求。かといって、武士の人望は足利尊氏に集まっています。我が子を皇位に据えたい阿野廉子からからも、護良は危険人物です。何度も足利尊氏暗殺に失敗、自分の方が逮捕されてしまいました。よりにもよって宿敵の尊氏のところへ送られ、鎌倉で土牢に幽閉されます。どちらかと言えば北朝寄りの『梅松論』（十四世紀中頃の成立）によれば、護良親王は「尊氏よりも父の方が恨めしい」と呪ったとか。

一三三五年には、北条時行を担いだ鎌倉幕府の残党が蜂起します。当時、関東の経営を任されていたのは足利直義でしたが、時行に連戦連敗です。直義は敵に身柄を奪われては面倒と護良を殺害して、義詮とともに逃げます。ついに首を落とされた護良親王は、「土牢の外に出て、明るいところで首を見ると、食い切った刀の先がまだ口の中に残っていて、目は生きている人間のようであった」（前掲『太平記（上）』）という壮絶な最期でした。

鎌倉幕府とも仲が良かった西園寺公宗という持明院統の公家が、後醍醐天皇暗殺計画を企んで発覚します。その直後の七月が、時行による中先代の乱です。弟・直義の窮地に、尊氏は自分を征夷大将軍にしてくれるよう頼みますが、後醍醐天皇は無視。尊氏は独断で東へ出撃。後醍醐天皇は追認して「征東将軍」とか訳の分からない役職を与えます。

尊氏の援軍を得て、直義は北条を撃破。鎌倉を占領します。

問題はその後。尊氏が勝手に功労者に所領の分配を始めたと知ったことをきっかけに、後醍醐天皇は尊氏を呼び出し。しかし「行ったら殺される！」と直義らが止め、いつの間にか尊氏は謀反人扱い。

尊氏は髻《もとどり》を切って仏に祈る日々です。しかし、許してくれるはずもなく、討伐軍の新田義貞が迫ります。直義が殺されそうだと知るや尊氏は気が変わって出撃、新田を撃破します。この様子、戦後の日本中世史学を作り上げたと言っても良い佐藤進一先生は、尊氏を躁鬱病扱いしてますが（『南北朝の動乱』中央公論新社、一九七四年、一三九頁）、私は医者じゃないんでわかりません。当時の人が戸惑いつつも、戦場でも尊氏のカリスマは絶大でした。どうでもいいですが、足利尊氏は悲しいことがあると地蔵菩薩の絵を描きたくなる習性でした。残っている絵、〝ヘタ上手〟で味があります。

足利尊氏が北条時行を蹴散らした勢いで反転して新田義貞を撃破、そのまま上京することで、日本史上最も移動距離が長い戦いが始まります。

第九節　楠木正成は、後醍醐天皇が遠足に行くのが嫌で、殺された

勢力を増しながら京都に攻め上る足利軍を、東北から北畠顕家が追撃してきます。顕家は武田信玄より早く「風林火山」の旗を使いましたが、この人も名将でした。尊氏は顕家に追いつかれる前の京都攻略を狙います。敗走する新田義貞は、京都に逃げ込んできます。

そこで正成が献策します。「わざと占領させてやればよい」と。帝は受け容れて延暦寺に疎開、楠木ら京都残留軍と新田は合流しつつ散開、京都に招き入れた足利を包囲し、補給を断ちながら疲れ切ったところを殲滅。京都は盆地であり、攻めるに易く守るに難い土地柄です。大軍の足利が食糧不足に陥るのを見計りながらゲリラ戦を仕掛けて苦しめ、北畠軍と合流したら総攻撃をかける、という計画でした。この通りに勝利、尊氏は西へ敗走します。

後醍醐天皇は都へ帰還、勝利に沸き返ります。この時、楠木正成が驚くべき提案をします。「足利と和平せよ」と。一説には、足利との和平に反対なら、新田を切って捨てよとも言ったとか。事実、逃げていく尊氏に、多くの武士たちがついていってます。ちょっと漢文の知識があれば、連戦連敗の劉邦に多くの人々が集まり、最後に項羽を倒した故事を

思い出します。元号に「建武」なんてつける後醍醐天皇が知らない訳がない。けれども、知識を使えるかは別。正成の和平案は無視されます。

そうこうしている間に数か月で尊氏は九州で勢力を回復。古典『太平記』が伝える「この間、新田義貞が後醍醐の愛妾の勾当内侍を下げ渡されて感激して愛欲にふけり、惚けていたので追撃の機を逃した」は、さすがに脚色がすぎるような。実際は西国の武士たちが追撃を妨害していましたし、勝利に浮かれる朝廷は弛緩が蔓延していただけでしょう。

とにかく、尊氏は多々良浜の戦いで菊池武敏を破り、大軍を率いて水陸両方から京都を目指します。一三三五年から、京都（七月）↓鎌倉（八月）↓京都（一月）↓北九州（三月）↓京都（五月）と一年弱で異様な移動距離。鎌倉に引きこもりの頼朝はもちろん、こんな短期間での長距離、清盛も義経も信長も秀吉も家康も動いていません。

それよりも大事なのは、尊氏は逆賊として後醍醐天皇と戦い敗れましたが、後光厳天皇から朝敵討伐の院宣を貰い、対等の立場で後醍醐天皇の軍に挑んできます。親政側の「我は官軍」は通じなくなりました。

実は、なぜ逆賊でなくなると負けないのか。よくわかりません。大河『太平記』では、陣内孝則演じる佐々木道誉が「気分が悪いのう」というセリフで非常に簡潔明瞭に突いてくれていました。立証はたいへん難しいですが、その通りのような気がします。

ここで再び正成の献策です。

再び、後醍醐天皇に比叡山に籠もるように進言します。前回同様の作戦しかありません。

しかし今度は、後醍醐天皇お気に入りの側近である坊門清忠という公家が、「一年に二度も帝が御動座するのは不吉じゃ、楠木臆したか、大軍が怖いからそんなことを言うのであろう」などと反対します。伝えられている話のディテールには違いがあるので、どこまでが史実かはともかく、後醍醐天皇は坊門清忠の言う通りにします。

楠木正成は兵を集めようにも集めることができなくなり、七百騎の軍勢で出陣。途中、桜井駅で息子の正行に「大きくなったら母を守り帝のために戦え」と言い残し、湊川の戦いに敗北して弟の正季と刺し違えます。その時、正成が「生まれ変わったらおまえはどうしたい？」と尋ねたので、正季は「七度生まれ変わっても逆賊を滅ぼしたい」と答えたので、「罪深い考えだけれども、それもいいな」とお互いの胸を刺したとか。

古典『太平記』の名シーンです。問題は、それを誰が見ていたのか。見てきたように盛って書く人もいますが、正成がこういうイメージで語られてきたという事実が重要です。

仮にこれが本当だったら、足利軍は楠木兄弟を包囲して、その最期の瞬間の一部始終を見届けたことになります。要するに、包囲した足利が、そういう死に方を楠木に許してやったことになります。

正成の首は敵将に対する作法に則り晒し首にされたけれども、尊氏は家族のもとに丁重に返してあげたとか。楠木正成は、敵である足利にも尊敬されていた、偉大な武将であったのは間違いありません。

蛇足ですが、よく右翼が街宣車に「七生報国」と書いて街中を走り回ってますが、正成はその言葉を吐いていません。また正季も「七生滅敵」としか言ってません。原典を読んでないのか、「七たび生まれ変わっても国に尽くせ」とか言ってた末期大日本帝国のお偉いさん、バカなんじゃないだろうか。いや、間違いなくパーフェクトなバカです。

むしろ冷たいのは、後醍醐天皇と側近連中。楠木正成が戦死、新田が敗走してくると、後醍醐天皇は一目散に比叡山に逃げました。もちろん坊門も。

ちなみに、京都から比叡山は見えます。つまり、後醍醐天皇が「遠足に行くのが嫌だ」と駄々をこねたので、正成ら楠木一族は死なねばならなかったのです。

余談ですが、大河『太平記』で坊門清忠を演じた藤木孝は、大河史上最大のヒールとも評されています。先週の日曜日に正成を詭弁と罵倒で死地に赴かせながら、何事も無かったかの如く「状況が変わった」の一言で終了、率先して逃亡。史実では自分は逃げ、他の三木一草の千種・名和・結城が全滅。

あげく、後醍醐天皇は新田を裏切って降伏。古典『太平記』によると、さすがの新田もブチ切れ、逃げる寸前の後醍醐天皇に新田の家来の堀口貞満という武士が「我々が戦に負けたのは我々が弱いからじゃない、アンタに人望が無いからだ！」と面と向かって罵倒する始末。これを「朕がそなたたちを見捨てると思うのか」と力ずくで黙らせます。この人、絶対、浮気の現場に踏み込まれても乗り切れるタイプの人です。

このやりとりが本当かどうか知りませんが、息子の恒良親王に皇位を譲り、三種の神器と尊良親王を預けて北陸に転戦させます。本気にした義貞は、後醍醐天皇が足利に幽閉状態となると知るや尊良親王を即位させ、独自の元号を使いだします。この時期、元号は三つになったことになります。

後醍醐天皇は、京都に帰還。足利方が担いだ光明天皇に三種の神器を渡します。どこから湧いて出た???しかし、すぐに足利からも逃亡、吉野に朝廷を立てます。そして「三種の神器はここにある。足利に渡したのは偽物だ」と高らかに犯行（?）声明。ということは、新田に渡した神器は偽物だと自白しています。

後醍醐天皇の再評価、その統治のすべてを否定してきた過去の評価を見直すべきとは思うので、亀田先生の仰ることもわかるのですが、やはり後醍醐天皇はヒドイ奴という従来の評価は正しいように思います。酷い奴だからと、やったことすべてを否定するのはいけませんが。少なくとも三種の神器を史上最も軽く扱った天皇ではあります。

それにしても後醍醐天皇に従って滅んだ人たち、あまりにも報われなさすぎる……。

第十節　楠木正成は真似したくないけれどもスゴイ人

亀田俊和先生、南北朝時代史を書き換えるような画期的な研究をいくつも発表されています。その一つが『南朝の真実　忠臣という幻想』（吉川弘文館、二〇一四年）で、えてして立派な人の集まりとされてきた南朝も、裏切りと私利私欲が渦巻く人間臭い集団だったという、考えてみれば当たり前の事実を提示した著書です。あるいは従来は大悪人とされてきた高師直を見直した『高師直　室町新秩序の創造者』（吉川弘文館、二〇一五年）と併せて読むと、「南朝＝善・北朝＝悪」の図式が如何にいい加減かわかります。

たとえば高師直は不道徳な人間として描かれてきたけれども、じゃあ千種忠顕はどうなのか。私に言わせりゃ、趣味が乱交と博打と喧嘩の不良公家だけど、実戦では役に立たない臆病者です。半グレが本職の軍人に敵う訳がない。それに比べて、師直は文武両道に優れていたのは間違いなく、数々の強敵を倒して武勲を挙げています。

ただ、師直に同時代の武士が憧れたかというと、これまた疑問です。権力は握ったけれども、最期は惨殺。亀田さんが褒めてくれるまで、六百何十年間、罵倒され続けたのでは？　江戸時代の歌舞伎など、同時代の実在の人物を使う訳にはいかないので、吉良上野介の代わりに高師直の名前にされ、しかも役回りは人妻の入浴を覗いて欲情する変質者。亀田さんに「これで高師直も本望でしょう」とお伝えしたことがあります（笑）。

ところで話は時空をさらに飛ばします。一九六三年、アメリカ大統領のケネディが暗殺された有名な事件で、池田勇人はアメリカで国葬に参列して、「これが政治家の本当の死だ。俺もできるなら短刀のひとつきもつきさされて、弾丸の一発も撃ちこまれて死にたい。これが政治家池田の本望じゃないか」とつぶやきました。さらに、葬式にいたアイゼンハワーやトルーマンが惨めに見えたとも。池田がどういう人物かは、著者名は忘れましたが『嘘だらけの池田勇人』（扶桑社、二〇二一年）という、感動でタオル一本分くらい涙で濡らす名作がありますので、どうぞ。池田のこの発言、たぶん本音です。

中世の武将は常に死と隣り合わせ。武将は政治家である以上、目の前の権力・土地の為に如何なる手段を用いてでも生き残るのですが、同時に「華々しく死にたい」という願望も嘘ではないのです。

要するに楠木正成は、「真似したくはないけれどもスゴイ人」なのです。

さて、楠木正成が偉いとしても、死なせた坊門清忠や、そういう佞臣のタワゴトを採用した後醍醐天皇はどうなのか。昭和期の皇国史観ですら、後醍醐天皇には遠慮がありましたが、坊門は愚かな佞臣の典型でした。分けて考えるべきでしょう。

第十一節　南朝も「京都を占領したら正統」と信じていた

一三三六年、後醍醐天皇が吉野に朝廷（というより亡命政権）を打ち立て、二つの朝廷が並び立ちます。嵯峨天皇は「二所朝廷」を三日で終結させましたが、南北朝の動乱は既に実質的に二年続いていますが、さらにここから本格化します。

東北に北畠、北陸に新田、九州に菊池と、南朝はそれなりの勢力を誇っています。土地は足利方に押さえられていますが、神主や山伏、行商人などをネットワーク化し、抵抗します。一時は網野善彦先生が「非農業民」の概念を提唱、その怪しげな人たちを周りに置いた後醍醐天皇を描いた『異形の王権』（平凡社、一九八六年）を発表、一大ブームを築きました。結局、学界の反応は「非農業民なんて、そんな奴ホントにいるのかよ」のようですが。

それはさておき、新田はこれから地盤づくりですが、北畠と菊池は強固な基盤を築いています。足利には従いたくない武士が、地方にはかなりいたのです。

これが毛沢東なら「農村から都市を、地方から中央を包囲する」などと小躍りするところですが、後醍醐天皇以下歴代南朝は「とにかく京都に帰りたい」で、無理攻めを続けます。一時的な勝利を得るために多大な犠牲を払い続けます。これを無理やり正当化すると、「京都を軍事占領していることが、正統（せいとう）な天皇の証しだから」になるでしょうが、それにしても一時的な占領（すらできない場合も多々）で終わったんだったら、何の意味もない。

その無意味な戦略の犠牲者第一号（と言っても、既に三木一草ほか犠牲者多数です）が、北畠顕家です。一三三六年前半の戦いでは足利を打ち破りましたが、東北に帰還してみたら足利に京都を奪われていた。この時の戦いでも無理をして略奪しながらの長期遠征だったようですが、再びの上京命令。顕家でなくても「なんでこんな時期に?」です。「新田と連絡を取り合い、現地の敵と交戦中」と返答しますが、後醍醐天皇は聞く耳なし。仕方なく、一三三七年八月に、二度目の長期遠征作戦を開始します。十二月には一日で鎌倉を攻略するなど、破竹の勢いで進撃します。

そして翌一三三八年、一月には天下分け目の関ヶ原の戦いで土岐頼遠ら足利方を打ち破ります。当時の関ヶ原は「青野ヶ原」と呼ばれていました。壬申の乱で大海人皇子が勝って以来の天下分け目です。この地では日本史で三度の大激突が行われました。大海人皇子と徳川家康は一気に天下の権を握りましたが、足利は戦上手。戦術的には負けましたが、戦略的には大遠征を強いられている北畠軍に、「目の前の戦では負けてもいいから苦しめる」を続けているのです。

野球でもV9時代の川上哲治監督率いる読売巨人軍は、阪神のエースの江夏豊に対し、「アウトを重ねてもいいから粘って球数を稼ぎ、バントの構えで左右に揺さぶって疲れさせる、を繰り返している内に、江夏が疲れたらチャンスをつかんで猛攻撃」みたいな作戦を得意としていました。あれと同じです。って、この本の著者、何歳だ？　世代じゃないだろ？

足利の戦略は功を奏して、北畠軍は転進。青野ヶ原から西の京都に向かう力はなく、いったん南下して父の北畠親房の本拠地の伊勢に向かいます。ここで越前（福井県）の新田義貞と合流できていれば勝機はあったかもしれませんが、新田にも地元事情があります。どだい、「なんでこんな時期の大遠征なのだ」です。

この直後、顕家は罵倒文を後醍醐天皇に突きつけます。七カ条が残っていて、第一条「中央で好き勝手言ってないで地方分権を」、第二条「上は倹約、下は減税しろ！」、第三条「恒久的な官位と一時的な恩賞を区別せよ」、第四条「側近重用をやめよ」、第五条「勝っても宴会やるな」、第六条「法令順守。矛盾する命令を出すな」、第七条「無能者を排除せよ」と、およそ臣下が天皇に向けて書いたものとは思われない上奏文です。原文は格調高い名文で、「死ぬのは覚悟しているから言いたいことを言わせてもらう」との悲壮な覚悟がにじみ出ています。読みようによっては「後醍醐天皇は頭が悪い」ともとれます。

そして本当に、大坂・堺の石津の戦いで高師直に敗れて戦死します。二十一歳の若さでした……。

その頃、新田義貞は福井でえっちらおっちら頑張っていましたが、パトロールに出た時にたまたま敵に遭遇し、矢を射掛けられて殺されてしまうという全くのトン死をしてしまいます。あまりのまぐれ当たりに、足利方でも新田の首を持ってきた斯波高経が全く評価されません。

主な武将が全滅。後醍醐天皇も一三三九年に崩御。しかし、遺言まで大迷惑です。天皇の御陵は南向きに埋葬しなければならないことになっていましたが、後醍醐天皇は「北向きにしろ」と言い遺しました。吉野は京都の南に位置します。京都を奪還するぞ、との怨念です。

生きている時からこういう人であるから死んでどんな怨霊になるかわからないということで、足利幕府は総力を挙げて天龍寺船を造船し、貿易船として元に送りました。後醍醐天皇の怨霊を鎮める京都天龍寺建立費用を捻出するためです。

『太平記』巻二十七「雲景未来記」と題された雲景という山伏の見聞録の中に、もはや史実を書き残す気などはサラサラないSFがあります。恨みを呑んで死んでいった日本史上の大人物たち、淳仁天皇、崇徳上皇、後鳥羽上皇、後醍醐天皇が出羽国の愛宕山に集まり、世の中を転覆しようと企んでいるのです。「全国怨霊会議」です。議長は金色の鳶《とび》に姿を変えた崇徳上皇。「上座なる金の鵄こそ崇徳院にて渡せ給へ」とあります。

現実の南朝は、十年の逼塞を余儀無くされます。ここで昭和初期までの通説です。

昔の通説

「南北朝時代」ではなく「吉野朝時代」と呼ぶべきだ。吉野の朝廷こそ三種の神器を有し、正しい手続きを経た、正しい人たちの集まりだからだ。

どこが？

もはや、ここまで読むと、その一言で十分でしょう。正成や顕家は立派な人で、義貞は可哀そうな人です。しかし、上層部は？

吉野朝は素晴らしいと言うのは、無能な上司の正当化に過ぎません。

立派に死んだ人間と、愚かに死なせた人間は、別です。

第十二節　南朝こそ三種の神器を軽んじた

後醍醐天皇の時代の吉野は、まだ朝廷としての儀式をやっていたようです。ところが、次の後村上天皇になると、三種の神器以外、何もなくなります。長慶天皇なんて大正末年まで即位が疑われました。天皇の即位でこれですから、途中からはどんな官職の人がいたかも不明になります。

そもそも北朝と違って譲位ができません。そんなお金がありませんし。ちなみに、二〇一九年の今上天皇の譲位には、合計一六六億円が予算計上されていました。昔の譲位も、大金がかかります。

だから南北で代数がズレてしまいます。一三九二年の合一までに、南朝は後醍醐・後村上・長慶・後亀山の四代。北朝は鎌倉末期の光厳から、光明・崇光・後光厳・後円融・後小松の六代。両方を正統（せいとう）にして代数を合わせる方法がないのです。だからどっちかを正統（せいとう）にするしかない。安徳と後鳥羽の時は、すぐに「東西朝」が解決したので、第八十一代が安徳、第八十二代が後鳥羽として問題ありませんが、そういうことができません。

長らく、三種の神器を持つ天皇が正統（せいとう）だ、と言われてきていました。だから後醍醐天皇は三種の神器を持って逃げましたし、南朝が正統（せいとう）だ、と言い続けました。しかし、三種の神器は（大事ではあるけれども）、絶対ではないのは後鳥羽天皇の先例で明らかです。

そもそも後醍醐天皇その人が三種の神器を軽く扱って偽物を大量生産したのだし、南朝自身が「京都を軍事占領している方が正統（せいとう）」と信じているから、何度も無謀な京都攻撃作戦を繰り返しているのです。もはや自身が正統（せいとう）ではないと自白しています。

こうした南朝に対し、伝統的な秩序を回復したのは足利幕府です。足利は頼朝のような独創的な政治は何もしようとしません。目の前の混乱を解決、秩序をもたらそうとしただけです。足利幕府の設立宣言は建武式目ですが、鎌倉幕府以来の政治に返ると宣言しています。ただし「元《もと》の様に鎌倉に柳営（幕府のこと）を置くか、他の場所に置くかで悩むけど」で書き始めています。吉野に南朝がある以上、京都の朝廷を守るには京都に本拠地を置いておかねばならないと、現実に合わせて変革しています。ちなみに本来の征夷大将軍は帝がいる京都の外にいるのが前提ですが、京都に常駐する職に変質させました。

将軍を任命するのは朝廷です。鎌倉時代の朝廷では、院政が常例となっていました。治天の君の下に天皇がいて公家がいて儀式を行い、現実の権力は朝廷に任命された将軍が行う。これが上手くいったのです。

尊氏の時代に「天皇はなぜ偉いか」を表す寓話があります。天皇は尊氏を将軍にした偉い人である。同時に尊氏が天皇を天皇の位に就けた、と。頓智のような話ですが、将軍権力とそれを正当化する天皇の権威を上手く表しています。

この時代の武士は天皇の権威をないがしろにして、高師直が「人間の天皇は邪魔だから島流しにして、金か木で天皇を作っておけば事足りる」と放言したとされる有名な話があります。それを本当にやったら、アメリカ合衆国です。セオドア・ルーズベルトは新渡戸稲造の『武士道』を読んで、武士が忠誠を尽くす「天皇」を「星条旗」に入れ替えれば我々アメリカ人と同じ感性だと感嘆したとか。それはともかく、この師直の放言は逆説的に天皇の必要性を証明しています。

ところで御礼です。「当時は京都を軍事占領した方が正統」との観点は、日本中世史の今谷明先生にご教示を受けました。

第十三節　足利幕府が『太平記』をリレー小説にした

南朝の主だった武将を葬り去り、大勢は足利幕府に傾きます。一三三八年、足利尊氏は念願の征夷大将軍に任じられ、北朝から日本支配の実質を形式的にも認められます。以後、尊氏はセミリタイアのような状態になり、在家ながら仏道の修行に励みます。

佐藤進一先生が提示した有名な概念があり、「尊氏は主従権的権力を、直義は統治権的権力に分割統治した」とされます。この解釈、中世史の研究者になりたいなら学部三年生から考えさせられ、佐藤先生の意見を踏まえた上で自身の見解を保持せねばなりません。これ私流に言わせれば、「主従権的権力とは軍事とそれに伴う権力、統治権的権力とはそれ以外。戦が無いのだから、実質的に直義が幕府を取り仕切ったが、形式的には頂点に尊氏がいた」です。直義は新田義貞にも負けるくらい戦が弱い。いざという時を考えれば、尊氏が直義を将軍にしなかったのは賢明と思います。とは言うものの直義は、政治は上手い。

よく考えられた体制とはいえ、幕府と足利家は同じものではありません。政府と自民党の関係です。現代でも自民党の幹事長が政府に影響力を行使する例は多々あります。足利家執事である高師直の幕府への発言権も絶大でした。実際、師直は文官としても優秀でした。ただし、この時点では「政高党低」で、直義と師直の対立はそれほど顕在化することはありませんでした。

傍若無人な「婆娑羅《ばさら》大名」の振る舞いが問題になります。北近江の大名である佐々木道誉は、日ごろから対立している比叡山に連なる妙法院御所を些細な喧嘩から焼き討ちにしていますが、尊氏・直義の二人と仲良くしていたので、事実上はお咎めなし。道誉は高師直とも通じています。一方、北畠顕家の進軍を領国の美濃で防いだ功績のある土岐頼遠は、上皇の牛車に弓を射かけて斬首。直義は怒り狂って「一族郎党八つ裂き」とか言い出したのですが、「格別の温情で本人のみ斬首」に。一族を守る為ならと頼遠も受け容れました。ここで一応通説。

通説

婆娑羅大名の典型は、佐々木道誉、高師直、土岐頼遠。

上皇に「院か犬か。犬ならば犬追物に」などと下手すぎるダジャレで本当に弓をぶっ放した単なる野蛮人と、道誉も一緒にされたくないでしょうね。なお『倉山満が読み解く太平記の時代』（青林堂、二〇一六年）で、大名のくせに斬首されるなんて前代未聞と書いたのですが、島原の乱の松倉勝家がいました。

妙法院御所焼き討ちの喧嘩の原因は、息子の秀綱への助太刀です。常に荘園を横領される権門の味方をすることが多い直義が、この件では道誉の味方をした時点で、当時の延暦寺もどっこいどっこいだったと直義すら見ていたのでしょう。生涯のたった一日でその人のすべてのように語られることも世の中よくあることなのですが、道誉は闘茶や立花など新しい文化に通じた才人で、朝廷との折衝も行える教養人でした。お茶やお花は今では伝統文化として残っていますが、パトロンだった道誉のおかげです。もっとも道誉の時代の茶や花は今と違ってロックでしたが。

ところで、不思議なことがあります。足利は南朝寄りとされる『太平記』を発禁処分にしないのです。この本、全四十巻中、最初の二十一巻は『平家物語』の向こうを張る格調高い軍記物語。特に第二巻冒頭は「落下の雪に踏み迷う　交野の春の桜狩り」と、延々と七五調が続く名文です。七五調が続くと言えば、他にクックロビン音頭。だ〜れが殺した、クックロビン♪

それが『太平記』の二十二巻は『源氏物語』のパロディ、じゃなかったインスパイアされたのか、欠巻。二十三巻からは妖怪変化でもなんでもありに。明らかに作者が代わっているわ、それどころか歴代足利幕府権力者が、どんどん自分に都合がいいように書き足していく……。最終的には「日本最初のリレー小説」と化しました。そして今に至るベストセラーです。

基本的に『太平記』は後醍醐天皇の苦難と楠木正成をヒーローとして描いた物語です。なぜ放置どころか、推奨する？？？

鎌倉幕府は『吾妻鏡』、江戸幕府は『徳川実紀』で、自己の歴史的正統性を巧妙に描いています。政権を安定させるのには目の前の実質合理性だけを求めてはダメで、歴史認識のような目に見えない部分にも目配りしなければならないのです。

直義からして「不正確な部分があるから、事実を書いておこう」ですから、「じゃあ他は正しいのか」になってしまいます。

第十四節　足利時代は実力主義と同時に権威主義

逼塞していた南朝が、逆襲に出ます。正成の残した正行が成長、弟の正時とともに戦力となります。しかし、まとまって勢力となっているのは、今の大阪〜奈良〜和歌山、せいぜい三重のみ。あとは遠く九州の菊池くらい。それでも「京都奪還」が南朝の悲願です。

楠木兄弟は足利幕府に戦を挑みます。

受けて立ったのは、政権担当者の足利直義。直義派の山名氏清・細川顕氏といった武将が正行を迎え撃ちますが、大敗。山名氏清なんて決して弱い武将ではないのですが、正行が強すぎたのです。さすが大楠公の息子。父の正成を大楠公、正行を小楠公と呼びます。

ここで執事の高師直が大軍を率いて出陣。

一三四八年正月五日、四條畷の戦いで大激戦の末に、楠木正行正時兄弟を屠ります。師直は勢いに乗ってそのまま吉野に攻め込み、後村上天皇が住んでいた行宮《あんぐう》を始め、吉野の御所を焼き払います。南朝の面々は、さらに奥地の賀名生《あのう》に逃げ込みました。再び南朝は逼塞を余儀なくされます。

ここに「戦に弱い直義派」と「戦に強い師直派」の図式が出来上がりました。しかし仕事ができないのに政治力がある人はいます。

突然、直義が高師直を幕府執事から解任します。『太平記』には高師直の驕慢ぶりがいろいろと書かれています。「正確な人数がわからないほど数多くの、言うのもはばかられるほど高貴な宮の娘を師直はあちこちに隠し置き、毎夜通いまくった」「宮殿の奥で大切に育て、天皇陛下の皇后にしようと思っていたのを(二条前関白殿の妹君のこと)、師直が盗んだのである」(前掲『太平記(下)』)など書かれ放題です。仮にそれが事実だとしても、歴史上、もっとひどい奴は山ほどいます。前掲『高師直：室町新秩序の創造者』の表現を借りると、「師直は真面目に仕事をして実績を挙げたらクビ」という理不尽です。

直義は、朝廷との折衝を担当、権門の既得権益を擁護、足利一門で政権を固めます。それに対して師直は、「何の力もない公家や寺社の荘園など奪ってしまえ」と推奨さえします。南朝の逆襲に際し何もできなかった直義に対し、幕府の危機を救った師直の発言力が向上。対立が表面化しました。

師直も黙っておらず、解任から二か月後の一三四九年八月に公称五万の兵を京に集め、直義の屋敷を囲もうとします。直義は尊氏の屋敷に逃げ込み、師直はそのまま尊氏の屋敷を囲みます。足利幕府名物「御所巻」の第一回です。

これ、本能寺の変と同じ状況なのですが、尊氏は無傷で生きて帰ります。「やれるもんならやってみろ」で終了。これに師直は「謀反を起こす気はありません。要求を聞いていただきたいだけです」と平伏。謎のカリスマ性発揮。これ、倉山超訳と勘違いするでしょうが、こんなもの。嘘だと思うなら当時の史料を漁ってください。さすがに当時から「尊氏が師直にわざと囲ませたのでは?」との噂も立ったようですが、それで本当に殺されたらどうする気なのか?

師直は復帰。関東にいた尊氏の息子の義詮を京都に連れてきて、政務をとらせることにします。直義は、名目上は義詮の後見人。観応の擾乱の第一ラウンドは、師直の完勝。息子の後継者の地位を確立した尊氏は焼け太り。だから「尊氏黒幕説」が出るのですが、状況に対応しただけでしょう。

これが戦国時代なら、尊氏・直義兄弟を殺し自分が将軍になればいいと考えるかもしれません。しかし教科書レベルの知識で良いので思い出してください。足利時代は下剋上の嵐ですが、誰一人として将軍に取って代わっていないのです。権威の破壊者とされている織田信長も足利義昭を追放しているだけです。

仮に師直が尊氏を殺したとして、誰が将軍に任じるのか。朝廷なのですが、日本中が師直に脅されて将軍宣下をしたと思うでしょうし、それを大義名分に師直を袋叩きにしようとする勢力が続出するでしょう。木曽義仲や平家が「朝廷を蔑ろにした」を大義名分に滅ぼされたのと同じです。

足利時代は、実力主義の時代です。だからこそ「人に言うことを聞かせる大義名分」が大事になるのです。「なんで、お前に従わねばならないのか?」と誰もが思う世の中だからこそ、「貴種」の足利に取って代わることはできないのです。「貴種」の根源は、もちろん天皇です。足利時代は、実力主義であると同時に強烈な権威主義の世の中でもあることを忘れてはなりません。

第十五節　観応の擾乱、なぜか復活する南朝

戦いは始まったばかりです。

一三五〇年十月、尊氏が直義の養子の直冬（尊氏の実子）を討とうと西国に出陣したすきに、直義は出奔。なんと南朝に降伏してしまいます。

南朝も南朝で、「降伏以外は認めない」という「自分の立場がわかってんのか」と言いたいぐらいの態度でしたが、背に腹は代えられません。後村上天皇から逆賊討伐の綸旨をたまわると、直義に大軍が集まり始めます。なぜか南朝が息を吹き返しました。そして直義は京都を占領。戦下手の直義が軍事カリスマの尊氏に勝利する快挙。

一三五一年二月二十六日、高師直は降伏したにもかかわらず、暗殺されました。かくして直義は政権復帰。すると南朝に降伏したことなど忘れたかのように、また北朝の皆さんと仲良くします。とはいうものの、南朝との和議を進めますが、南朝の方が「降伏した奴が何を言うか」との態度。交渉は決裂します。

すると今度は、尊氏と義詮が逆襲。挟み撃ちにされる前に直義が京都から逃げると、十月に尊氏が南朝に降伏します。これに南朝が「京都にいる天皇（崇光院）は廃位、皇太子

も廃太子、三種の神器を渡せ」など好き勝手な要求。

尊氏は、これを呑んでしまいます。元号も北朝の観応が廃され、南朝の正平六年に統一されます。元号から「正平の一統」と言われます。北朝に後醍醐天皇が渡した三種の神器、「偽物じゃなったのか?」との疑問を抱かせる間もなく、念のために回収。この一連の行動自体が、北朝に渡した神器が本物だったと自白しているようなものですが。

尊氏は北陸に逃げた直義を追撃、鎌倉まで追いかけて捕らえます。そして一三五二年二月二十六日、直義死去。師直の一年後に死んだので、当時から毒殺が疑われました。

南朝が壊滅すると、足利幕府の内訌が激化します。そして敗れた側が南朝に降伏すると復活する。なぜなのか、歴史の謎です。真面目に語りだすと一冊の学術書になるでしょうから(と言っても誰も説明していない)、ふざけた一言だけ。「なんか勝てる気がするから」でしょうね。足利時代の武将たちは利害で動いているのですが、気分で戦をしているところがあり、「単なる逆賊」と「訳が分からないけど錦の御旗を持っている方」だと、後者の方が気分はいい。「そっちが綸旨ならこっちは院宣」「そっちが北朝ならこっちは南朝」のように、軍勢を集める時に流れを作りやすいのでしょう。尊氏も建武政権から逆賊認定され負けましたが、北朝から院宣をたまわると復活しました。現代の政争でも、「なんか気分を変えるイベントがあると雪崩現象が起きる」はよくある話です。

観応の擾乱と言えば大ベストセラー、亀田俊和『観応の擾乱　室町幕府を二つに裂いた足利尊氏・直義兄弟の戦い』（中央公論新社、二〇一七年）を紹介しなければなりませんね。直義の死で、足利幕府の内訌としての観応の擾乱は終了。

しかし、戦いは続きます。

南朝は尊氏を征夷大将軍から解任、人事を動かしまくり、所領も強奪。そして正平の一統を破棄し、京都と鎌倉に同時侵攻します。仕切ったのは北畠のジイサン。山岳を高速で移動できる山伏などを利用して意思伝達したとも言われますが、とにもかくにも京都・鎌倉同時攻略の快挙を成し遂げます。インテリジェンスの勝利。しかし如何せん軍事力は小規模、すぐに奪還されます。

尊氏は速攻で鎌倉を取り返して事なきを得たのですが、義詮は目の前の戦に勝つのに目を奪われ、大失態を犯します。

義詮は、戦場に上皇を忘れてきたのです。南朝は京都侵攻の際に光厳・光明・崇光の三上皇と廃太子の直仁親王を「保護」、敗走する際に賀名生に連れて帰ってしまいます。三院廃太子拉致事件です。

北朝は機能停止に陥ります。儀式も人事も動きません。朝廷も土地を持っているので、行政が動きません。三院廃太子同時拉致は、北畠親房が放った渾身の一撃でした（岡野友彦『北畠親房』ミネルヴァ書房、二〇〇九年）。

第十六節　治天の君となった民間人女性

北朝は存続の危機です。この危機を救ったのは、公家では勧修寺経顕《かじゅうじつねあき》。武家では佐々木道誉です。天皇もいない、上皇もいない、皇太子もいない、三種の神器が無いの無い無い尽くしの中で、二人は必死に打開策を模索します。

まず天皇候補として、崇光上皇の弟の弥仁王《いやひとおう》の出家を寸前で阻止。親王宣言も飛ばして践祚。事なきを得ました。次に儀式。三種の神器が無い時の践祚は、治天の君による伝国詔宣が後白河法皇の先例です。しかし、その治天の君がいない。

そこで、光厳・光明両上皇の母親で故・後伏見天皇の女御だった、広義門院という六十歳になるお婆さんに日参、治天の君になってもらうよう拝み倒します。この時代、皇后が置かれないのが常例ですが、広義門院は中宮ですらない女御。天皇の実母で女院かもしれませんが、俗名は西園寺寧子という民間人。皇族かもしれませんが、皇女（女性の皇親）

ではありません。広義門院は常識人で「そんなことできますか」と断りますし、不注意で息子を拉致されて「はい、そうですか」と協力できる訳がない。しかし既に半年近くもすべてが停滞、ここで引き受けてもらわねば、北朝も幕府も崩壊しかねません。最後は泣き落としで引き受けてもらいました。

治天の君となった広義門院により、新帝践祚。朝廷は復活します。南朝正統史観からは絶対に出てきませんが、佐々木道誉こそ朝廷を崩壊から救った真の忠臣です。道誉の涙ぐましい努力に関しては、著者名は忘れましたが『倉山満が読み解く足利の時代』（青林堂、二〇一七年）をどうぞ。って、題名に著者名が入っている。真面目に道誉を研究したい人は林家辰三郎先生の古典（『佐々木道誉　南北朝の内乱と〈ばさら〉の美』平凡社、一九九五年）や最近（でもないか）の森茂暁先生の『佐々木導誉』（吉川弘文館、一九九四年）なんかをどうぞ。小説家の北方謙三先生は勧修寺様が好きなようですが、私はまだ読んだことないです。

ということで通説。

通説

佐々木道誉は、叛服常無き人物。

そう見せているだけです。一瞬にして敵味方が入れ替わる裏切りが横行している時代、「誰とでも組める」状況にしておくのは生き残りのコツです。たとえば新田のように「足利とだけは組めない」で没落しないように。

道誉の行動原理って、結局は「尊氏が好き」で、尊氏死後は義詮を支えています。そして北朝の忠臣だった事実は強調して良いと思います。

さて、この際に広義門院は「天下一同の法」を発しています。正平の一統以後の法令のすべてを無効、それ以前に戻すとの宣言です。

これ、憲法無効宣言です。フランスやオーストリアは独立を回復するや、ナチスの制定した憲法以下、法令すべての無効を宣言しました。広義門院が行ったのはこれと同じです。三院廃太子同時拉致により北朝は機能不全になりましたが、「天下一同の法」により秩序を回復します。親房の渾身の一撃は潰えました。

悲しいかな、南朝は三人の上皇と廃太子を養う経済的余裕がありません。ほどなくして四人は京都に返されました。

第十七節　足利にあるのは私利私欲のみ。だから何？

足利直冬はなおも抵抗を示し、尊氏もムキになって弾圧し、そのドサクサに南朝が短期間だけ京都を占領するとかありますが、そういうのは省略。動きが激しく且つ細かすぎるので。

ここで皇国史観。

かつての通説

吉野朝こそ正統で、尽くした人々はすべて素晴らしい人物。
それに引き換え、足利にあるのは私利私欲のみ。語るに値しない。

これ、矯激な皇国史観を鼓吹した平泉澄の主張です。戦後も『少年日本史』（時事通信社、一九七〇年）でこういうことを言っています。「吉野朝時代」は、「楠木一族の忠誠その一その二その三」「新田一族の忠誠その一その二その三」といった調子でずらずらと並んでいき、六十年間がとんでもなく紙幅を割いて書かれています。一方でその後の足利時代二百年間は十ページ、「足利にあるのは私利私欲のみでございます」で終わり。「書きたくないから書かない」ではなく、事実を取り上げて批判すればいいのに。

本来は戦後の権門体制論の基となる学説を打ち立てたマトモな学者のはずが、政治に近づきすぎておかしくなってしまいました。昭和二十年八月十五日、敗戦責任を感じて自分の蔵書をリヤカーに積んで東大の研究室を去る潔さがあり、戦後も思想を変えなかった点は評価できるのですが、それを踏まえて批判します。

吉野朝が立派な人の集まりな訳がないのは既述の通り。

そして足利にあるのは私利私欲のみ。「だから何?」です。たとえば今の自民党だって、「私利私欲のみ」と言って良いでしょう。むしろ足利幕府が「軍事力付き自民党」と言った方がいいかもしれません。当時の人々は、今の解散総選挙の感覚で合戦をやっていたのですが、それは悪いことなのでしょうか。現代の感覚で「合戦ばかりの安定しない時代」と評するのは簡単ですが、本人たちが望んでやってることを違う価値観で糾弾するのって意味があるのでしょうか。

そして、政治における私利私欲、悪いことなのでしょうか。政治って、外国から国を守ることと、国内の治安を守ることを除けば、利害の調整です。多くの人々が私利私欲を生かしたいと活動するから経済が成立するのであり、それを放任すると上手くいかない場合に政治が調整します。政治とは「人々の私利私欲を調整する事」とも言えます。

自民党には多くの批判がありますが、「私利私欲の調整機関」であるのは間違いない。足利幕府も、その能力が無かった末期鎌倉幕府や建武の親政に代わり、政権担当能力を発揮したのは間違いありません。足利幕府と自民党の共通点は、「権力を握り利権で動くので、いざとなれば結束できる」です。

対する南朝は「我こそは正統なり」と今のリベラル野党の様に教条的な主張を繰り返しつつ、やってることは支持者の搾取にすぎません。内ゲバも絶えず、負けても負けても作戦自体がワンパターン。

平泉の単純な歴史観が広まったことで、日本人は歪みました。平泉一人の責任ではありませんが、昭和期には愚かな言動が罷り通っています。

たとえば、現職商工大臣（今の経産大臣）の中島久万吉が、若い頃に書いた論文に「足利尊氏はいい人だった」とあったために逆賊呼ばわりされて大臣をクビになった「足利尊氏事件」なんてのもあります。

足利尊氏は日本史最大の大悪人扱いで、そういった風潮に抵抗していた側の代表である西園寺公望元老ですら天皇機関説事件の後に、「尊氏が勝った」と思わず漏らしています。

大正期には田中義成という実証的な研究者もいたりするのですが、昭和期に入るとタブーだらけ。その煽動者が平泉であったのは否めません。

第十八節　唯一、足利に降伏した楠木一族

近現代史を専門として歴史学者を始めた私にとって、『太平記』の時代、すなわち南朝と北朝が正統（せいとう）をめぐって争った時代は無関心ではいられませんでした。正論が通らないとはどういうことかを考えざるを得ないからです。

南北朝の動乱期、現実に政権を担っていたのは、北朝であり、足利幕府でした。そして、三種の神器以外の皇室を受け継いでいるのは北朝でした。さて、南朝は正統（せいとう）なのでしょうか？

観応の擾乱で南朝はまたもや叩きのめされたわけですが、まだまだそこから逆襲します。しかし、一三六一年が最後の京都奪還です。四回奪還して四回とも一か月以内に奪い返さ

れるという、本当に学習能力のない展開を繰り返しました。一方で足利は、楠木正成の言っていた通りの作戦で京都を奪還しました。つくづく報われない……。

南朝が唯一有利に立てたのは、九州です。懐良親王が菊池一族に担がれ、九州に覇を唱えます。ところがその懐良親王は、勝手に明に冊封されます。何やってんだか。その九州、二代将軍義詮の代では取り返せず、三代義満の代で取り返します。その総司令官だった今川了俊を義満は使い捨てにしたので、了俊は恨み節のように『難太平記』を残します。恨み節と言っても、「太平記のナントカという戦いには、ウチの一族の活躍が載ってない」レベルの話ですが。

貧すれば鈍す、権力にありつけない勢力に不満が溜まるのは、理の当然。南朝において、その筆頭は楠木正儀《まさのり》です。正成の三男で、正行、正時の弟。兄二人の死後、楠木一族を率います。この人、教条的な南朝上層部に批判的になります。

権謀術数を繰り広げる北畠親房は、勝つ気があるだけ、まだマシ。後醍醐天皇の代から、大覚寺統では中間派です。原理主義的な強固論者は、後村上天皇その人です。後村上天皇らが自分の立場をわきまえない強硬論を振りかざす、あるいは時宜にかなってない言説を飛ばしてくるたびに、正儀が不満を漏らしたとの史料が多く残っています。「ここで和平に応じないなら私が賀名生に攻め込む」と足利直義に申し出てみたり、「京都を一時的に占領するだけなら独力でできますが、その後のことを考えてますか」と後村上天皇に迫ってみたり。

そんな正儀が心を通わせたのは、敵方の佐々木道誉でした。

四回目の京都奪還の時、道誉は京都を離れる前に「おそらくは名のある南朝の武将が来るであろうから丁重に迎え入れよ」と自分の屋敷を整えさせました。道誉の屋敷を占領したのは正儀。やがて南朝は例によって敗走するのですが、正儀は一切の略奪をせず、去り際に家宝の鎧や太刀を置いていきます。古典『太平記』は「道誉は上手いことやった」との文脈で紹介するのですが、史実では道誉と正儀のパイプで和平交渉が始まります。

当然、後村上天皇は認めません。正儀は道誉が幕府の管領（執事の権限が強化された職）に据えた細川頼之の招きで、足利に降伏します。しかし北朝としては、抵抗力をなくした南朝の武将に戻ってこられても面倒なだけでした。南朝は裏切り者討伐に正儀を攻め込みますが、反細川の武将は正儀支援をサボタージュ。

てなことが続き、結局は再び南朝に帰参することに……。正儀以降の楠木一族は、足利義満の命を狙うテロリストになるなど、組織的な軍勢を動員できないぐらいに落ちぶれてしまいます。

楠木一族は全員が素晴らしい！の平泉史観では、正儀の存在そのものを無視。しかし、当時の人々からすれば、無視されたのは南朝の方でした。

佐々木道誉は義詮の政権が安定したのを見届け、後継者に細川頼之という人を推薦します。自分の政敵になりそうな奴らはすでに全員排除してありましたから、晩年の十年ほどは悠々自適な引退生活を送りました。この時代にご隠居をやれるのですから、佐々木道誉はたいした人物です。

義詮は一三六七年、四十歳を数えることなく死去します。その時十歳だった義満が成長するまで、佐々木道誉を後継した細川頼之が政治を任されます。「頼之の外に現れる言動と内心に備えた徳は、確かに評判に違わずすばらしく、足利一門の武将たちは彼の命令を重んじ、一門以外の外様の大名も背かなかった。そのため日本全国は平和となり、めでたく大団円を迎えた」（前掲『太平記（下）』）で、古典『太平記』は「完」となります。

嘘つけ！

百パーセント忖度して書かれています。細川頼之は『太平記』を読んでいましたし。リレー小説の最後の執筆者が付け足したにせよ、本当にでたらめな終わり方です。

実は古典『太平記』には、この直前に感動的なシーンがあります。出家して完全に世俗から離れた光厳上皇が、僧侶を一人だけ伴って賀名生へ行き、後村上天皇と再会します。そしてお互いを許しあう……。

ここで終わっていないので、『太平記』は『平家物語』に劣るという烙印を押されて今に至ります。

それはさておき、『太平記』の時代が終わっても、歴史は続きます。

近代の「南朝正統史観」により、足利時代の逞しく魅力的な人物像は無視されてきました。戦後は反動のマルクス史学。

ただ、マルキストの先生も学問に思想を持ち込まない方は多くいました。私が中央大学でお世話になった峰岸純夫先生はそうで、南北朝時代についてのみならず中世史の常識について教えていただきました。また、戦国時代の勉強は永原慶二先生の『日本の歴史10 下剋上の時代』（中央公論社、一九六五年）から始め、多くを学びました。

私は物事を右か左かで決めるのが嫌いです。凄いか凄くないか、正しいか間違っているかで決めるべきであって、右か左かなど二の次ではないでしょうか。

第三章　室町時代　なぜ天皇家は続いたのか

第一節　室町時代って、いつからいつまで？

世の中には、「その時代に無かった言葉を使うべきではない」と主張する人がいます。神武天皇はもちろん、継体天皇の時代には明らかに「天皇」号は確認できないのだから「継体大王」と呼ぶべきだと言う人がいます。また、上皇号の最初は持統上皇で、皇極天皇も譲位した後は皇祖母尊《すめみおやのみこと》としか呼ばれていないのだから「皇極上皇」と呼んだら事実誤認だと言い張る人もいます。そういう言い方が正しいなら、「北条早雲」「真田幸村」なんて死んだ後に広まった用語を使うなとなります。バカバカしい。その時代の言葉を使わねばならないなら、近世史だと江戸幕府は「御公儀」で、将軍は「上様」です。ぜひ学術論文で「御公儀の上様」と書けばいい。学界で視野狭窄に陥ると、こういうバカバカしいことに気付かなくなります。「鎌倉幕府の成立はイイクニではなく、イイハコだ！」になるのは、そういう自分の専門に走りすぎて常識を無くしてしまうからです。

ただし、例外はあります。同時代において意味がある用語使いには気を付けるべきです。私がここまで「室町幕府」を使わず、「足利幕府」を使ってきたのにお気付きでしょうか。

尊氏が事実上のセミリタイアし、直義が政務を執ったのは三条坊門です。観応の擾乱は三条坊門の奪い合いです。当時、幕府権力の象徴は三条坊門でした。だから、この時代を室町時代・室町幕府と呼ぶのに抵抗があるのです（他人が室町時代・室町幕府と呼ぶのは邪魔しませんが）。やがて三代将軍義満（一三五八〜四〇八年）が室町に花の御所を築き、将軍は「室町殿」と呼ばれます。その後も、九代義尚以降の将軍で京都で死んだのは暗殺された義輝だけとか、紆余曲折がありますが、室町は幕府と時代の象徴なのです。

ということを踏まえて、室町時代って、いつからいつまでなのでしょうか。わかりにくいのですが、そこが魅力でもあります。初期の南北朝時代と後期の戦国時代をどこまで含めるかで議論が分かれますし。

一三三三年の鎌倉幕府滅亡で鎌倉時代が終わり、建武の親政は一三三六年に崩壊します。一三三六年には足利尊氏が京都を支配して権力を握り、一三三八年に征夷大将軍になります。将軍宣下の形式を重視する私は足利幕府の設立がこの年、足利時代の開始は一三三六年と考えます。厳密に室町時代と言うからには、義満の将軍宣下の一三六八年とか、一三七八年の花の御所造営からでしょうが、一三三六年を室町時代の開始として良いでしょう。

一三三三年や三六年は南北朝時代の開始と考えてもよろしいでしょう。南北朝時代の終焉は、形式的に三種の神器が返還された一三九二年とされますが、実質的にはもっと早く考えて、組織的抵抗力を無くした一三六一年辺りで良いとも思います。

では室町時代の終わりはいつか。応仁の乱開始の一四六七年、明応の政変の一四九三年では早すぎ。足利義昭の京都追放の一五七三年、豊臣秀吉の関白就任の一五八五年が室町時代と戦国時代の終焉で良いと思います。

いずれにせよ、尊氏から義昭に至る足利の時代は、常に戦乱が絶えず、面白い(それが嫌いと言う人もいるでしょうが)。

こんな楽しいと言ったら不謹慎なら、生きている人たちが逞しい室町時代を「あるのは私利私欲のみ」と切って捨てた平泉澄以下の戦前歴史学って何なんだろうと思います。人間の欲望が渦巻く、上は権力を求め、下は必死に生き延びようとする、生命力の豊かな時代です。

第二節　学界に蔓延る〝今谷タブー〟

室町時代の研究、戦後に飛躍的に発展しています。

ただ、義満が絡むとおかしなことを言い出す人が多発します。

通説　足利義満に皇位簒奪の意図などなかった。やる気のない後円融上皇に代わり治天の君を代行しただけで、どこにも自分を皇族に擬した形跡がない。その証拠に、史料がない。

私、その道の専門家の説は尊重するタチなのですが、この説だけは全否定します。人格否定に及んだら申し訳ないけれども、手加減する気はない。

まず、平泉澄は義満の皇位簒奪経過は無視。「足利尊氏は逆賊だ！」って叩くけど、「義満は見たくない」とばかりに無視。歴史学者なんだから、気に入らない事実があるなら、取り上げて叩けばいいのに。

それでも戦前田中義成先生が、「足利義満は皇室覬覦《きゆ》の行動を起こしたが、未遂に終わった」との説を唱えました（『足利時代史』講談社学術文庫、一九七九年。初版は一九二三年）。覬覦とは身の程知らずの行動のこと、ここでは皇室乗っ取りのことです。

この説を戦後は、今谷明先生が継承発展させています（『室町の王権　足利義満の王権簒奪計画』中公新書、一九九〇年）。発表された直後の今谷説、一般にも大ムーブメントとなり、学界でも歓迎されていたような気がしますが、いつのまにか「今谷説を叩かない者は学者ではない」みたいな空気が出来上がっていきます。もはや「今谷タブー」と呼ぶしかない。そういう風潮にムカついて『倉山満が読み解く　太平記の時代　最強の日本人論・逞しい室町の人々』（青林堂、二〇一六年）で、「お前らは恥ずかしくないのか」と書きました。

言論の自由が無いとしか思えない世界で生きている人の個人名を挙げるのは気が引けるのですが、何人もの学者が微に入り細をうがち、義満が天皇になろうとした証拠の史料がないじゃないかと、アホのように実証したつもりになっていますが、最も大事なネジが抜けています。最も大事なネジとは何かは、後回し。

学問ですから批判してはいかんとは言いませんし、私だって今谷先生の学恩に学びつつ、そのすべてを宗教か訓詁《くんこ》学のように崇拝している訳ではありません。批判するなら、すればいい。ただし、本人が言っていることを踏まえて批判すべきであって、本人が言ってないことを、「今谷はこう言っているが」と捏造して批判している論者が多すぎです。

一つだけ例を挙げると、「国王御教書」です。御教書《みぎょうしょ》とは公的な命令文書のことです。「今谷は、『義満は明の皇帝から冊封されて日本国を名乗った、つまり、日本国王として国王御教書を使って日本人を支配した』と言っているけれども、そんな文書はない」とする人が少なくありません。そんなこと『室町の王権』のどこに書いてある？　天皇や上皇、法皇の意図を武家に伝える役目を司る廷臣を伝奏《てんそう》といいますが、「当時の後円融上皇の伝奏に義満自身の意図を書かせてしまったら、これはもう国王御教書とでも呼ぶ以外にないのではないか」と言っているのです。倉山要約だと「臣下のくせに自らを治天の君に擬しているので、これはもう国王とでも呼ぶしかない」です。

私なんか今谷先生になんか言うたびに漢字の読み方を正されるレベルの、言うなれば〝素人サン〟ですが、日本中世史プロパーが私のような〝素人サン〟未満の誤読をしているとすれば恥ずかしいし、意図的ならば〝犯罪〟です。歴史学界では捏造のことを〝犯罪〟と呼びます。

そういう態度、最後は狂気に走った平泉と、どう違う？

他の研究書ではちゃんとしているのに、義満が絡むと変なことを言い出す、あるいは大事なネジが抜けている学者を見ると悲しくなります。

では、「大事なネジ」とは何か。義満、死んだ後に法皇の尊号を贈られているのです。死後とはいえ、臣下で尊号を贈られた男は、空前絶後です。本人が望んでないなら、なんで贈るのか、学者ならば説明が必要なはずです。

今谷説を叩く人のほとんどが、この事実に触れていません。管見では、例外は二つ。一つは昔の大御所が書いた、臼井信義『足利義満』(吉川弘文館、一九八九年、初版は一九六〇年)です。「偉くなりすぎたので、他に贈るものが無かった」とあっけらかん。んな訳あるか。偉くなりすぎたなら藤原良房だって同じですが、尊号なんて贈られてません。准皇族までです。ならば義満だって、「准法皇」くらいにしとけばよかった。「准」の一字があるのとないのと、天地の差です。

贈られた尊号を幕府が辞退したのですが、義満ゆかりの寺は貰ってます。今でも相国寺の過去帳には「鹿苑院太上天皇」、臨川院の義満の位牌には「鹿苑院太上法皇」とはっきりと書かれています。

非常に立派な学者さんで、後の章でたいへん参考にした名著なので、あえて実名で出しますが、桃崎有一郎『室町の覇者　足利義満』(ちくま新書、二〇二〇年)は、この事実に向き合っています。しかし結論は「死んだ後なら関係ない」です。原文は「死後の名誉として、冥土で楽しんでもらう程度ならどうぞ」です。さすがに、それはないかと。

皇室では死後の名誉は重要だから、弘文天皇など死後一二〇〇年で諡号が贈られています。最近も平民の分際で「なぜ●●●が皇族になれないのか」と主張している輩がいますが、もし死んだ後にでもたかが平民の●●●を皇族にするなら、武装蜂起モノです。現代でも、それくらいの話なので。

「死後に尊号が贈られた」事実を踏まえて「足利義満の皇位簒奪計画は無かった」と証明している文献を見たことがありませんので、田中・今谷説が正しいとして話を進めさせていただきます。

第三節　平行線を交わらせるには？

皇室を守るにはどうすれば良いか。最も皇位簒奪に肉薄した、足利義満の手口を学ぶことです。

まず、「皇室乗っ取り」の定義です。パンピーの男の分際で、自分で天皇になるのは完全な乗っ取りです。また、天皇を超える治天の君になるのも乗っとりです。具体的には上皇や法皇の尊号を贈られることです。この場合、実質はどうでも構いません。天皇や治天の君を超える権力を持った者など、日本史で何人もいます。大事なのは皇族の形式です。だから、皇位に届かなくても、民間人の男が皇族になれば、覬覦です。

ここで、序章で説明した、すべての実質を得た藤原良房をおさらいします。政治家としての良房は、事実上の上皇の代行となり、「天下の政を摂行せよ」との勅命をもらい、人臣最初の摂政だったことになり、晩年に三后に准じる待遇を与えられました。後に「人臣最初の摂政」「准三后の初例」とされました。かくして、良房は皇族の形式以外のすべての実質を得ました。これが皇室の知恵で、時代に合わせて先例に准じて変えつつも大枠を守っています。すべての実質を与えているから、皇族の形式は必要ない。

ところが、義満は若くして、すべての実質を得てしまいました。どんな人生を歩んだか。

一三五八年、足利尊氏が死去した半年後に、義満は生まれます。三歳の時には京都から疎開し、帰りの景色が素晴らしかったので「この景色を持って帰れ」とか言い出して驚かせたとか。一三六七年に父の二代将軍義詮が死去、管領の細川頼之が後見人となります。頼之は義満を、他の大名に舐められないように育てたら、傲岸な性格に育ちました。そこに二条良基が公家の教養を教えて権威主義者に、坊さんの義堂周信が中華思想を植え付けます。十歳で足利家家督を継ぎ、翌年に将軍宣下です。

康暦元（一三七九）年、反細川派が御所巻を決行、斯波義将が管領となります（康暦の政変）。以後、義満は細川派と斯波派をいいように使い分けます。義満の行動原理は簡単。

「相手が強いと思ったら戦わない、弱いと思ったらどんな功績があり恩人でも叩きのめす」です。一三八八年には富士遊覧。関東には鎌倉公方といって、義詮の弟の基氏の子孫が代々、鎌倉公方を名乗って統治しているのですが、都の本家に反抗気味。「いつでも相手になってやるとのデモンストレーション」です。戦わずして、おとなしくさせました。

実際に武力を行使したのは、一三九〇年の土岐康行の乱、明徳二（一三九一）年の明徳の乱です。いずれも守護大名と呼ばれる有力武将の家督争いを惹起し、内紛に付け込んで叩きのめしました。義満は政略（というより陰湿な謀略）が得意なだけでなく、軍略も抜群でした。鎌倉末期の攻防戦以来、京都は盆地なので攻めるに易く守るに難い土地と言われてきましたが、義満は日本国六十六か国中十一か国を有し「六分の一殿」と呼ばれた山名氏清を京都に誘い込んで、一日で叩きのめします。

豪勇で知られた氏清の敗死で南朝も意気消沈。明徳二（一三九二）年に三種の神器を渡して南北朝合一です。形式は例によって北朝の降伏ですが、三種の神器を巻き上げてしまえば知ったこっちゃない。南朝とは両統迭立に戻すほかテキトーな約束をしていたのですが、無視。南朝の後亀山は不極帝にしました。京都の朝廷からしたら、南朝など山中に籠もって勝手に天皇を名乗る「南方偽主」でポルポトの類いですが、義満への不満はしょせん陰口。明徳の乱や南北朝合一に尽力した大内義弘は邪魔になったので、応永六（一三九九）年に応永の乱で粉砕。義満は、勝率百パーセントの無敵カリスマと化しました。

南北朝の合一の時点で三十四歳。この若さで、後の豊臣秀吉や徳川家康の絶頂期と同じ権力を握ったのです。「実質はすべて手にしたから形式も」と考えても、おかしくないのです。中華世界、そんなのばっかりですし。

さて、ここでたとえです。平行線を交わらせるにはどうすればいいか。アレクサンダー大王なんかだと、力ずくで捻じ曲げて終わりです。しかし、捻じ曲げられた線は平行線ではありません。そこで義満は、考えました。皇室と自分は平行線である。皇室を捻じ曲げたら平行線ではなくなるが、自分という線を太くしていけば、いずれ交わる。これを何十年もかけてやりました。

皇室は、史上最大の危機を迎えます。

第四節　足利義満に学ぶ皇室の乗っ取り方

皇室には先例の壁があります。いかなる臣下も乗り越えられませんでした。しかし、皇室の先例は杓子定規にすべてを再現するのではなく、時代に合わせて准じて変えてきたので大枠を守ってきました。皇族にしかなれない摂政が、藤原良房が准じて変えて摂政のような存在になったので人臣摂政が常例となり、だからこそ藤原氏は皇族にならなかったように。

こうした皇室の奥義を義満は知悉し、「准じて変えて、徐々に大枠を揺さぶればいい」と気付くのです。それを何十年もかけて行います。

その陰湿な手口、非常に細かいのですが、前掲『室町の王権』他をもとにザックリと。

前提段階。征夷大将軍として誰も逆らえない軍事カリスマになる。自動的に日本最大の権力と財力を持つ。個人的には大教養人でもあり、明るくジョークが得意。スクールカーストで最上位の奴が、トンデモナイ権力を持ってしまったようなものです。「皆さん、忠誠心の証しとして、美人妻がいたら差し出しましょう」と、自分からは言わずに忖度させる。親王宣下してほしくて側室を差し出した常磐井宮なんて人もいます。

第一段階。後円融天皇のち上皇を孤立させ、徹底的に権威を貶める。息子の後小松天皇への譲位を、後円融を無視して関白の二条良基らと勝手に進める。上皇の後宮の女と片っ端から密通（むしろ秘密どころか意図的に噂にさせ、無力感を与えた?）。あげく上皇は、正妻の三条厳子の不倫を疑い刀で殴打して、自殺未遂に追い込まれる。その和解の儀式のごとく一緒に牛車に乗ってパレード。現代の女性週刊誌宜しく、後円融の人格を貶める噂が京雀たちに流れている（誰が流した？）。従う公家の連中には所領など実利をくれてやり、朝廷を掌握。いつの間にか、実質的に治天の君として振る舞う。

その治天としての振る舞い、後醍醐天皇のように「先例などどうでもいい」なんて言わず、先例に準じているように見せて恣意的に運用。公家に忖度させて、自分を治天の如く扱わせる。

ついでに宗教界も制圧。皇族がなるお寺のお偉いさんの地位に、自分の息子たちを送り込む。いつのまにか義満を治天の如く祀る宗教家多数。

第二段階。妻を准母にする。既に第一段階で後円融上皇は早死、後小松天皇は無抵抗を決め込んでいます。さらに曰く付きの母・厳子の死に際し、コケにするが如く、准母を押し込まれる（後に女院に）。

この件、小川剛生『足利義満　公武に君臨した室町将軍』（中公新書、二〇一二年）は、皇室乗っ取りの歩を進めたのではなく、義満を皇族にさせないための朝廷の抵抗だったとの説を提唱しています。今谷説への珍しい建設的批判です。はっきりとは書いていませんが、日本中世史の通説である「義満の皇室乗っ取りなんてなかった」を否定しています。

小川先生が学界内部にいない国文学者だから書けたのでしょう。

第三段階。息子の義嗣を親王の儀式で元服させる。この段階で義満は、上皇と天皇しか使えない繧繝縁《うんげんべり》の畳に座ったり、自分の屋敷を紫宸殿と呼ばせたりと、やりたい放題。と、ここまできたところで、義満急死。小説だと、公家の一条経嗣が黒幕となるのが定番なんですが、それは仮説を重ねすぎなので触れません。

仮に義満があと一年生きていれば、皇室は危なかったでしょう。少なくとも、義満の死後に尊号が贈られている事実が厳然としてある以上、贈った公家の方が「あの人は法皇になりたかったんだ」と認識していた事実は間違いありません。こんな道鏡事件以来の大事なことで、生きている内に義満が考えてもいないのに勝手な忖度をするはずがない。考えてもないのに忖度しすぎているとしたら、バカすぎる。ありえません。

私は現実の問題と向き合う皇室史学者として、この本を書いています。皇位継承に関して「先例なんかどうでもいい」「パンピーの男が皇族になって何が悪い」って軽く言ってくれる論者がいますが、義満が聞いたら「皇族って、そんな簡単になれるの」です。

野党第一党である立憲民主党の野田佳彦代表など、皇族の女性と結婚した男性は一般人でも皇族になれる。その子に皇位継承権がある」と軽く言ってくれます。

アタマ、大丈夫でしょうか??? そんな簡単に自分の子供を天皇にできるなら、義満は皇族の姫君と結婚し、生まれた子供を天皇にすればよかっただけです。

義満の手口は、非常に手が込み、何十年もかけて先例の壁を乗り越えていきました。義満のやろうとしたこと、皇室を乗っ取るのでなければ、「なんでそこまでやるの」のオンパレードなのです。

噴飯ものの主張が、「無能で怠惰な後円融に対し義満が朝廷の秩序を回復した」です。そんなの後の義教と比べれば、義満なんて率先して朝廷の秩序を破壊してるとしか評価できません。後宮を荒らし回って風紀を乱すのもそうですが、先例に准じて大枠を揺さぶっています。あと少しで大枠が破壊されるところで、義満に尊号が贈られたのは歴とした史実です。これを幕府が受け取っていたら、その時点で国体の破壊です。

第五節　民間人の男が皇族になると国体の破壊

皇室乗っ取りに肉薄した義満の手口を知っていると、「どうすれば守れるか」もわかってきます。だから「そんなものあるはずがない」と切って捨てる学界の通説、何の役にも立たないなと思っています。

義満の皇室に対する態度、公家からは歓迎されました。日記に陰口を書くのがせいぜいで、逆らったら何をされるかわからずムチが飛んできますから、表向きは阿諛追従《あゆついしょう》です。そして忖度が上手くいって義満の意向通りの結果になると、昇進や所領の加増などアメを与えられます。後円融上皇は孤立、後小松天皇も諦めたように無抵抗でした。ほんと、義満があと少し生きていたら、どうなっていたか。奇跡です。

まさに『室町の王権』が大ベストセラーとなったころ、「天皇家がなぜ続いたのか」が学界・論壇の話題となり、誰一人明快な答えを出せませんでした。大きすぎる問題だからです。

これに対する私の答えは「タマタマ」です。ただし軽い意味ではありません。「奇跡」と書いて、タマタマと読みます。

義満の急死が暗殺なのかどうなのか知りません。仮に暗殺だとして、絶対に成功するなんて保証はないのです。「これさえやっておけば皇室を守れる」なんて方法はどこにもないのです。それぞれの時代の人たちの、「続けたい」という意思が勝ち続けたとしか言いようがありません。

ただ、死んだ後とはいえ、幕府が義満に贈られた尊号を受け取っていれば、パンピーの男が皇族になることですから、国体の破壊です。朝廷が「辞退しろよ」と幕府と示し合わせていたかどうかわかりませんが、この時の幕府宿老の判断が正しかったのは間違いありません。その時の宿老筆頭は斯波義将《しばよしゆき》。この人の本音がどうであれ、和気清麻呂と並べても良いのではと思います。もし死後とはいえ尊号を受け取っていたら、国体の毀損なのですから。

義将の父は斯波高経。足利本家への対抗心が強く、分家であることを認めず、長らく「足利高経」と名乗りました。新田義貞をまぐれで討伐した人でもあります。観応の擾乱では直義派として振る舞い、反乱と帰参を繰り返しますが、佐々木道誉との政争に敗れます。

義将は十三歳の時を皮切りに、管領に三度就任します。細川頼之を追い落とした康暦の政変の中心人物でもあります。以後、幕府は斯波派と細川派に分かれますが、それを上手く義満に利用された格好になります。朝廷・幕府・宗教界（仏教と神道だけでなく、陰陽道も手懐けた）のすべての上に君臨した義満の時代は逼塞していますが、義満の行動を冷ややかに見ていました。

そして一四〇八年に義満が死んだとき、素早く幕府を義持支持でまとめ上げた長老が斯波義将でした。

この時点で、義持は征夷大将軍ではありますが、足利家の長ではありません。現代で言うなれば、総理大臣になったけれども派閥の領袖には別の実力オーナーがいるようなもの。足利家を義持と義嗣のどちらが継ぐか、故・義満の意志は明らかに義嗣にあり、義持は常に格下扱いされていました。それを義将が尊号拝辞から義持の家督継承へと一気にまとめ上げました。

不遇の義嗣は、ほどなくして謀反の疑いをかけられ、暗殺されます。

さて、宿老会議の総意で足利家家督継承を認められた義持。宿老たちに逆らえません。

ここで通説。

通説

足利義持の時代は、大きな戦乱も無く、安定していた。

私は長年、違和感を抱き続けました。

第六節　日常的に御所巻をされていた足利義持

実力主義だけど権威主義な室町の人々。そんな人々を満足させようと義満は格付けをしました。教科書に出てくる「三管四職」は一三九八年に定められ、管領になれるのは斯波・細川・畠山の足利一門のみで三管領家。軍事と京都の治安をつかさどる侍所所司には、山名・一色・赤松・京極・土岐の五家が四職家って、三足す四が八になるのが室町。いちいち気にしてはいけません。この八家に政所執事を独占した伊勢と関東管領を独占した上杉を加え、三職七頭と言います。政所は財政、関東管領は鎌倉公方の補佐です。

三管領家と一色は足利一門。上杉は尊氏の生母の実家ということで身内みたいなもん。山名・赤松・京極・土岐は尊氏以来の創業の功臣。伊勢は事務に秀でた一族。他にも各地の守護を務める守護大名が存在します。

初代将軍の尊氏が気前よく武士たちに所領をくれてやったこともあり、大名たちは独立自尊の気風が強すぎました。また、尊氏も義詮も裏切っても降参したら許してやりましたので、どうしても舐めた態度になります。それを政治と軍事が巧みな義満が次々と屈服させましたが、そんな体制を守護大名たちが望むはずがありません。ましてや義満に「軍事力付きの法皇」になんかなられたら悪夢です。朝廷が義満の動きを歓迎する半面、幕府宿老からしたら「ふざけるな」なのです。もしかしたら朝廷が本気で忖度して贈った尊号を、迷惑がって拒否した可能性もあります。そもそも義満の皇室乗っ取り計画自体が、傍証としては間違いなく存在したはずなのですが、あくまで仮説なので、斯波義将がどういうつもりで拝辞したのか、確かめようが無いのです。和気清麻呂のような尊皇家だったのか、何も考えずに利害で動いたのか、両者が示し合わせた八百長だったのか。とは言うものの、尊号拝辞を斯波義将が主導したのは事実で、その行動自体は称揚されるべきです。

とにもかくにも、義持は幕府宿老の上に乗っているだけの存在です。その意思の外には一歩も出られません。また出る気も無かったようです。「義満のやったことをひっくり返す」で、双方の思惑は一致していますので。

その最大のものが、勘合貿易の停止です。当時、漢民族の反乱に手を焼いた元は北方に帰っていき、明が建国されます。この明、マヌケにも九州を制圧していただけの懐良親王を日本の支配者だと勘違いし、「日本国王」として冊封します。しかも、どういうことか名前を「良懐」と間違えている……。懐良が何をしようが正統政権でもなんでもないのですが、みっともないのは確か。

この明に、義満は冊封され「日本国王」に封じられます。冊封されると、お土産を持っていくと十倍返しをしてくれる勘合貿易で莫大な利益を得ますので、金に目がくらんだのです。これを「実利をとった」と言う人もいますが。要するに、国体を売り飛ばしました。

少なくとも、室町幕府の宿老は快く思っていなかったようです。義持は、父が死んだのをいいことに、冊封をやめてしまいました。明は「ホントにいいのか？」と最初は穏やかに、だんだんと高圧的な態度に出ますが、義持は「かかってくるなら相手になってやる」の態度。最後は明が諦めます。これ、義持の権力基盤が弱いから、できたのです。

義満は最強無敵の独裁者ですから、国体を売り飛ばしても、誰も抗議できません。勘合貿易で儲けた金でますます強くなり、手が付けられなくなります。

それに対して義持は、宿老会議の総意に逆らえません。相手が明だろうが誰だろうが、今の自分の立場を守るには、強気の態度に出るしかないのです。チキンゲームの末に明を諦めさせただけです。ちなみに『明史』という一七三九年（清の時代）に完成した歴史書がありますが、明の初代皇帝の朱元璋があげた絶対に喧嘩を売ってはいけない国一覧が記されており、日本が挙げられています。そらそうでしょう。倭寇と呼ばれる海賊にやりたい放題やられるレベルで、日本の正規軍なんか戦って勝てる相手ではありません。

一四一九年、世宗という、ハングルを作った朝鮮半島史上最も偉大とされる大王が大軍を率いて対馬を奇襲しました（応永の外寇）。日本側は、現地の守護大名の少弐氏の代官である宗氏だけで勝ててしまいました。相手が弱すぎたから、勝てただけです。義持には、北条時宗が見せたような、戦争指導力などどこにもありません。

動乱が日常の室町、非常に逞しい国です。むしろ外国と戦うより、国内の政争の方が難しいくらいで。

言うなれば、義持は「日常的に御所巻をされている状況」です。あらゆる既得権益が守られます。たまに関東で上杉禅秀の乱とか騒乱がありますが、おおむね誰も不満はありません。公家も寺社も、丸く収まります。

しかし、再び元寇が来ていたらどうなっていたか。

第七節　あらゆる既得権益を擁護、だから日本人は大好き

あらゆる既得権益を擁護、目新しいことなんかやらないで（改革なんて、もってのほか）、ひたすら行政のルーティンを回すだけの義持政権。当事者たちに不満はありません。

斯波義将死後の宿老会議は、三宝院満済という、賢いと評判なので義満が養子にしたお

坊さんが取り仕切るようになります。満済は後に准三后の称号をもらったので「満済准后」とか呼ばれるのですが、自分の屋敷で会議を開き、ただ聞き役。そこで決まったことを将軍に正確に伝達して通してくる、という文官としての身の程をわきまえた人でした。

当時の守護大名たちは、常に利害が錯綜します。隙あらば他人の所領を奪いたいし、自分の土地を渡したくない。しかし、殺したいほどの相手と平気で酒を酌み交わす、というメンタリティーの人たちでした。二十二歳で足利家家督を継ぐまで父親に虐げられていた義持も、難しい性格です。この人、徹底して「現状主義者」です。

将軍家の当主が、子供が若いうちに将軍位を譲り、隠居した上で実権を握り続けるのはよくあることです。室町でも「院政」はあるのです。義持は「誰よりも政治に詳しい人」になります。本当に詳しいかどうかはともかく、大御所の権威はダテではない。義持は、息子の義量に一旦は譲りますが、アル中で早死をしてしまいました。義持は、「ならば将軍は置かなくてもいいじゃん」ということにしました。形式合理性無視で既得権益擁護のみの姿勢をよく表しています。

現状主義者には実質合理性しかなく、形式合理性を無視するからこそ実質合理性が損なわれるというのがわからない。将軍はお飾りで大御所が政治を行っていたのだから将軍が死んでも次を決めずにいたところで問題ない、と考える訳です。それは揉め事のタネになります。義持には、わかったところでどうにもならなかったかもしれません。放っておきました。自分が復位するなら面倒なだけだし、めぼしい後継者も見当たらないし。五年も将軍が空位になります。

義持は応永三十五（一四二八）年に死去しますが、死に際に後継の将軍を決めませんでした。俺が決めてもお前らが守らなければ意味がない、お前らで勝手に決めろ、という無責任な遺言を残して死にます。

前掲『室町の覇者　足利義満—朝廷と幕府はいかに統一されたか』は、これは義持が宿老たちに責任を持たせようとしていたのだと評価しているのですが、そういう面もあるでしょう。義持が不満な連中を抑え込んで後継者を決めるという図は思い浮かびません。となると、現状の中での最善手だったのかもしれません。

実は私、大学三年生になるまで日本中世史を専攻しようと思っていました。というのは、知りたいことがあって、それがなんとなく自分で納得がいったので、近代史に変えました。

四代将軍義持と、六代将軍義教の評価です。この二人が同時に偉いとは考えられないので、端的に言えば「どっちの方が偉いかを考えてみよう」だったのです。今の私は「人間の評価に百点も零点もない」が信条なのでどちらも全肯定、全否定はしないのですが、やはり義持をありがたがる日本人の心性って何なんだろうと思います。現実に義教がいたら同時代に生きている人はたまったもんではないでしょうが、あまりにも不当な評価をされ続けています。

義持は、揉め事を起こさずにみんなの既得権益を守ります。ただし、何事についても、根本的解決をする意思も能力もありません。日本人が好む政治指導者でした。

近現代史だと、村山富市元首相のような人です。自民党に担がれて首相になった社会党の委員長です。自民党は村山に社会党の政策を全否定させました。憲法、安保、自衛隊、日の丸、君が代、社会党が反対していた政策すべてに賛成させました。そんなことをするから支持者にも見放されて、社会党は潰れてしまいました。その代わり、後継のリベラル政党が似たようなことを続け、日本の憲政を汚し続けていますが。やってる時は気持ちよかったかもしれませんが、ただの時間の無駄でした。

対する義教は、既得権益を認めず、物事を根本解決する意思と能力がありました。日本人が大嫌いなタイプです。

足利義教、織田信長、井伊直弼、大久保利通、井上準之助。他にもいますが、強い指導力を発揮した政治家、みんな暗殺されています。外国だったら「暗殺逃れの達人」でないと独裁者なんかやれないですが、日本で独裁者と言われるような人は、みんな暗殺されてしまいます。確かに最後に暗殺されてしまったら失敗ですが、無能の証明だったことにはなりません。生前の実績は分けて評価すべきではないでしょうか。

第八節　リシュリューはフランスの足利義教

大久保利通を日本のリシュリューと評価しているのが、外交史家の清沢洌です。『外政家としての大久保利通』（中央公論社、一九四二年）で、頭脳明晰で、意志が強く、私心が無く、国家の為に尽くすところに、同書発売当時の戦時宰相である東條英機への遠回しな批判を込め、強調しました。

そこで世界史教科書の記述。

通説

十六〜十七世紀の欧州において、絶対主義（絶対王政）が発展した。絶対主義とは、王権神授説・諸侯と宗教勢力への王権の優越・官僚制・常備軍・重商主義である。スペインのフェリペ二世、イングランドのエリザベス一世、フランスのルイ十四世はその代表である。

とは言うものの、本当に絶対王政が確立されたかというと、本当にできたのはフランスくらいではないかと思われます。フランスにおいては、アンリ四世・リシュリュー・マザランと経て、ルイ十四世に至るのですが、ルイ十三世に仕えて強力な王権を確立したのは、リシュリュー枢機卿（一五八五〜六四二年）です。

リシュリューは、アレクサンドル・デュマの小説『三銃士』に悪役として登場するので有名です。作中、敵対する三銃士からも「リシュリューは私心の人ではない」と評価されています。史実においては、「呵責なきリシュリュー、支配するより粉砕す」と恐れられながら、「第一に国王に対して、第二に国家に対して忠誠」と公言し、実行しました。リシュリューが絶対主義の五要素を実現していく過程は、著者名は忘れましたが『嘘だらけの日仏近現代史』（扶桑社、二〇一七年）をどうぞ。おちゃらけているようで超難解な書物です。

リシュリューが成し遂げた絶対主義を、二百年早く実現したのが、足利義教です。

おそらく、足利義教を史上最も早く評価したのは、明石散人『二人の天魔王　信長の真実』（講談社、一九九二年）です。

同時代の評価を代表するであろう伏見宮貞成《さだふさ》親王の『看聞日記』で義教は、生きている時には「万人恐怖」と嫌われ、死んだ時には「将軍如此犬死」などと罵られています。江戸時代になって水戸学が流行すると足利などは逆賊扱い、徳川幕府としても「前の足利は素晴らしかった」とは言いたくないですし。戦前日本は皇国史観でなくても、足利自体が低評価。戦後も義教を評価する声は学界には見られません。小説家では評価する人、けっこう多いのですが。

ちなみに義教、「顔がムカックで島流し」「料理がまずいで死刑」です。こんなの外国では普通ですが、日本だと万人に恐怖されます。前出の明石氏によると、それらは意味がある行動なのですが、解説は後で。リシュリューなんか貴族の反乱はことごとく粉砕、新教徒ユグノーの反乱鎮圧（ラ・ロシェル包囲戦）だけで二万人以上の死者が出ています。

こういうこと書くと、自虐志向が強い人は「足利義教は日本のリシュリュー」と言いそうですが、逆です。義教の方が二百年先駆けているのですから、「リシュリューはフランスの足利義教」です。

第九節　おそらく義教が「籤引きをやれ」と命じた

小学生が覚える足利将軍は四人です。尊氏＝初代、三代義満＝金閣寺、義政＝銀閣寺、義昭＝信長に追放されて滅亡。六代義教は影が薄く、イメージが悪いです。そこで通説。

通説
足利義教は籤引きで選ばれた情けない将軍だ。

当時から、そう言い触らした人もいましたが、どうなんでしょう。

足利義教は義満の息子です。父親に偏愛された義嗣と同い年の異母兄弟ですが、義教は宗教界制圧計画の一環として、比叡山延暦寺の名門青蓮院に入れられ、義円と名乗ります。元服前に出家しました（↑ここ大事！）。

中世では、天皇家にせよ将軍家にせよ、長男以外はみな出家させられるのが前提です。そうしないと後継争いのライバルになってしまうからです。義持の同母弟の義教もそうでした（じゃあ、異母弟の義嗣はなんで？）。

僧侶となった人たちはだいたいがコネで偉くなっていくのですが、義教は伝教大師最澄以来の大秀才と言われるほど出来の良い人でした。序列から言えば四人抜きで比叡山延暦寺の天台座主というトップに就いてしまいます。今で言うと、二十五歳で東大総長。

一四二八年、兄の義持が死んでしまいます。お尻のできものをかきむしったらばい菌が入り、それが元で死んでしまったと伝えられます。

当時、将軍候補は四人ほどいました。しかし、義円が「私がやる」と言えば、血筋からも能力からも誰かから文句が来るはずありません。ところが、三宝院満済と宿老会議は、籤引きで次の将軍を決めると言い出します。籤引きは武家の守り神である石清水八幡宮で行われます。

この籤が本気か八百長か。当時の武家は常に死と隣り合わせの人たちだから、信仰心が篤いので、本当の籤引きだと思ったでしょう。しかし、仕切る側が本気で信じる必要はありません。

コロナ禍、専門家と称する人たちが自分で信じていないのに垂れ流した大嘘を、政治家も含め多くの人々が信じてしまいました。現代ですらこうなのですから、中世なんてもっとです。誰とは言いませんが、「ゼロコロナをやるぞ！」と日本中に大号令をかけた医師会の会長が政治家相手の大人数のパーティーをやるわ、すし屋で愛人とノーマスクデートを週刊誌にすっぱ抜かれるわという珍事がありました。

中川俊男と一緒にしたら、さすがに満済准后に失礼か。満済は義持死去で後継者不在の危機を、なんとか乗り切ろうと「籤引きによる将軍決定」を差配します。結果はもちろん、「青蓮院義円」に決定。籤引きというと軽く思われがちですが、当時の籤引きには極めて重い意義がありました。神事ですから。

ただし、政治の常識では、こんなの八百長です。そして、その後の展開と合わせると、私は義円その人が籤引きによる神事を求めたと考えます。

昨日まで坊さんをやっていて、何のポリティカルリソースもない自分が、義持の代わりの傀儡になる。頭がいい義教がそれで良しと考えたとする方がどうかしています。だったら、将軍になるより僧侶として楽しく充実した人生の方が割に合います。

義持を傀儡にしてきた勢力に対し、自分が発言権を持てるとしたら、彼らの心を支配するしかありません。コロナ禍、政治家も官僚もマスコミも誰も、「専門家」と称する連中の言葉に逆らえませんでした。心を支配されてしまったからです。ついでに言うと、全国の学校で「校長先生よりも保健の先生の方が偉い」という状況が出現したとか。

義教自身は宗教家。「神に選ばれた将軍」を武器にしたと考えるのが自然です。こういうの、史料が無いので学界では言えないのですが、隣接学問を輸入して、義教の行動を読み取れば出てくる結論です。

どの時代でも、政治史を学ぶなら、政治学や現実政治を知った方がいい。

第十節　足利義教は北朝の忠臣

武家が将軍後継で困っている頃、朝廷でも大事件が起きていました。もともと体が弱く、子供がいなかった、時の第百一代称光天皇（在位一四一二～二八年）が危篤となったのです。

ここはすべて旧暦で示しますが、一月十八日に義持が死去。前日に石清水八幡宮で籤が引かれ、義持死後に開封。宿老の懇願により義円は受諾。義教は政務に意欲を示すも、「法体のままでは官位も与えられない」などと、髪が伸び、髭が生えるのを待つことに。三月十二日に還俗・元服、義宣と名乗る。同日、叙任。四月二十七日、応永から正長に改元。七月六日、称光天皇が危篤。二十日に崩御。

こうして事実を羅列しているだけで、既得権益勢力の「やる気を出されては困る」の本音が伝わってきます。

しかし、称光天皇は前年にも危篤になっていて、義持は後継者問題を何も決められませんでした。伏見宮貞成親王がいたのですが、「天皇に嫌われているので、出家。どうせアンタは年だし、即位する可能性はないんだから」とその場しのぎをしただけです。こうした先送りになっていた皇位継承問題の解決に、義教は意欲を示します。

また、六十四年の昭和と四十五年の明治に抜かれてますが、それまで応永は三十四年と史上最長でした。義満が明に倣って「洪武」にしようなどと愚かすぎることを言い出したので、さすがに公家が抵抗。義満が用意した御用学者の公家があまりにポンコツだったので、改元できませんでした。結果、嫌がらせで「じゃあ改元させてやらない」となって、これだけは義持も踏襲しました（理由諸説あり）。

正長改元は、義教の意向だそうで（日本史史料研究会監修『室町幕府全将軍・管領列伝』星海社、二〇一八年、二二二頁）。長すぎた応永を改元して常例に戻すことで、世の中の秩序を正そうとしたのです。

そして後小松上皇に速やかに皇位継承者を決めるよう要請、伏見宮家を保護、貞成親王の九歳の息子の彦仁王《ひこひとおう》を擁立します。後花園天皇です（在位一四二八〜六四年）。

この段階で、義教（まだ義宣）は正式な征夷大将軍ではありません。しかし、日本の根幹が皇室であると理解しており、政治家として何をしなければならないかの責任感がありました。

この一事をもってしても、義持など目の前の人々の既得権益を侵さないことで保身を図っていただけであり、義教よりも評価される風潮に違和感があるのです。

北朝の系図

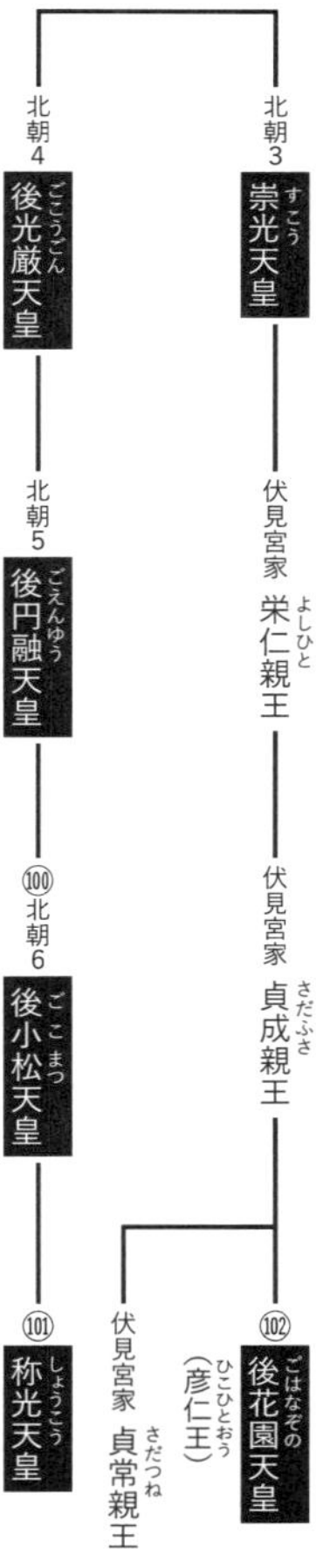

これ、後小松上皇は面白からず見ていたようです。振り返れば、観応の擾乱のドサクサで三院廃太子拉致事件が発生、寺に入る予定だった後光厳天皇に皇位が舞い込みました。南朝から返された崇光上皇は居場所がありません。皇位は後光厳系に移り後円融、後小松

と継承されて、崇光上皇は悲憤慷慨しながらお亡くなりになります。ただ、崇光上皇の皇子の栄仁《よしひと》親王は伏見宮として残り、称光天皇が病弱だったこともあり孫の貞成親王には皇位継承の可能性がありました。

仮に称光天皇が子どもを残さず亡くなれば、後光厳系は絶えます。それが後小松上皇には面白くないのです。それで、その場しのぎで貞成親王を出家させたのが、現状主義者の義持。

しかし、現実に称光天皇危篤は、皇統の危機です。義教の果断により、伏見宮家からの傍系継承で、皇統の危機は救われました。

彦仁王は後小松上皇の猶子となってから、践祚します。後小松天皇の系統は現実の血筋としては正統（しょうとう）から離れますから、そういう時はこういう配慮をするのです。危機を乗り切りました。

南朝に尽くした人だけが中心とされる傾向にありますが、当時の人々は北朝を正統（せいとう）だと考えていました。少なくとも足利義教は「北朝の忠臣」としての再評価されてよいと思います。

第十一節　公に尽くし続けた将軍

正長二（一四二九）年、義宣は自ら義教と改名。正式に将軍宣下を受けます。ほどなくして満済には准后宣下。論功行賞でしょう。この人、義教の将軍就任当初は義教の暴走を止めたということで、やたらと持ち上げられています。ただし、何かビジョンがあって行動したというより、単なる調整役です。こういう人は義持政権みたいなのにはふさわしいけど、義教政権には合わない。

それはともかく、義教は「神によって将軍に選ばれた仏教界最高峰の学者」です。籤引きがガチかヤオかはさておいて、その一連の儀式を仕切って演出したのですから、長年の功績と合わせて、これくらいしてあげても構わない。

義教は真っ先に、朝廷の綱紀粛正を行います。当時、朝廷の風紀は、極めて乱れていました。「顔がムカツクで島流し」「料理がまずいで死刑」は、この一環です。儀式で緊張感なく笑う奴は島流し、料理人のくせに仕事ができなくてヘラヘラしている奴は死刑。それまでのぬるま湯に慣れた人には、悪夢でしかないでしょう。

ちなみに、武家・寺社・公家で、武力を持たない公家の抵抗力が一番少ない。大改革は一番弱いところから始めるのが鉄則です。

義教はまた、奉行衆という官僚制度と、奉公衆という親衛隊を再興します。義満の時代には奉行衆と奉公衆は大活躍していましたが、義持の時代にはたいして活躍する機会がなく、ガタガタになっていました。宿老たちやりたい放題の義持政権では、奉行衆など歯車の一つ、自分も既得権益集団になるだけです。奉公衆は一度も戦場に出ていないのではないでしょうか？　そもそも、大きな戦が無いですし。

当時、常備軍を持つ国はオスマントルコ帝国くらいでしょうか。シパーヒーと言われる騎馬部隊と、イェニチェリと言われる征服した民族による歩兵です。奉公衆は、守護大名の次男や三男を集めました。彼らは家を継げず行き場がないので、取り立ててくれた義教に忠誠を誓います。奉公衆は、シパーヒーとイェニチェリを合わせたような存在でしたから、強いに決まってます。

義教は、奉公衆の有力者の多くと、男色関係を持ちました。親衛隊にする為です。側室も多く置き、十三年間で十六人の子を儲けています。夜の生活も、公に捧げているのです。

義満以降、将軍家の御台所は日野家の娘が占めることになっていました。既得権益です。

しかし義教は日野家を一旦追い出しました。朝廷の綱紀粛正の対象に真っ先に上がったのが日野家でした。日野家の当主が義教に嫌われ、閉門蟄居させられていました。そこに、日野家の娘に将軍の子供が生まれます。これで許されるに決まっているだろうと日野家の門前にお祝いの行列ができました。義教は、その行列の面々を名簿に書き留めて、全員粛清しました。公私混同は許さないという原則です。権力は己一人のものであって、側近の乱用を許さない。

とは言うものの、義教は正室とした三条家の姫に子供ができなかったため、側室の日野重子の産んだ子が嫡男となります。

室町時代の重商主義と言えば勘合貿易ということになるのですが、義満は国体を売り飛ばしました。確かに義教もそれを受け継いだかのように見えます。父と同じように、貿易の実利を重視しました。ただし、父の義満は神戸まで出迎えに行ってひざまずいて国書を受け取りましたが、義教は立ったまま受け取っています。頭を下げてやる、という態度です。明の国使、いつまでもひざまずかない義教に、困惑したのではないでしょうか。

政権発足五年を超え、抵抗勢力の鎮圧に乗り出します。

一四三四年、後南朝の撲滅宣言を出します。後南朝のみなさんは、義満に三種の神器を巻き上げられてからも奈良県の山奥に籠もっていました。当時、「将軍が替わると一揆が起き、天皇の代替わりには後南朝が蜂起する」と言われたものです。義教は後南朝を徹底的に弾圧。その後も生き残りますが、もはや彼らを「もう一つの皇室」と信じる人はいなくなりました。

一四三五年、栄えある（？）第一回比叡山延暦寺の焼き討ちをやったのも義教でした。ちなみに、二回目が一四九九年の細川政元、一五七一年の信長は三回目です。義教は、今で言えば東大を首席で卒業して教授→総長になった人みたいなものなので、学界つまり比叡山の暗黒面をすべて知っており、どこを狙えばよいかわかっていました。反抗的な幹部を追い詰め、遂には根本中堂での焼身自殺に追い込んでいます。

義教は、細川家を除くすべての家の家督相続に介入しました。なぜ細川家に介入しなかったかというと、細川家が室町幕府の中で特別な存在だったわけでも何でもなく、この時点での細川家当主の持之があまりにも腑抜けだったので、介入する価値がありませんでした。そうした上で、反抗する余地のある大名は粛清。

さらに永享十（一四三八年）、義満すらほったらかしにしていた、関東の鎌倉公方の足利持氏を討伐します（永享の乱）。持氏は義教が籤で将軍に選ばれたと知り、小バカにしきっていましたが、義教は時間をかけて注意深く準備して、一撃で倒しました。将軍と将軍の対決なので、帝に治罰の綸旨を賜りましたが、効果てきめん。あまりにあっけなく勝ってしまったので、残党狩りの方が長くなってしまいました（結城合戦）。

第十二節　本当に犬死にだったのか？

これは日本中世史学界ではなく、私が所属していた社会科学系の学界でのことです。

通説

琉球は日本じゃない！　外国だ！

ここに「日本は独立国の琉球を侵略したんだ」と付け加えるだけなら、アカはアカなりに筋は通るのですが、「琉球は中国だ！」とか言い出したら、タダのバカです。どこに琉球が中国だったという証拠がある？

しかし、「琉球は日本ではない」と言わないと気が済まない人がどこの学界にも多く、困ったものです。琉球やアイヌを「日本人とは違う独立した民族だ」と言うのは勝手ですが、その場合の民族とはなんでしょう。どっちも「民族」と訳しますが、ＮａｔｉｏｎなのかＥｔｈｎｉｃなのか、峻別している人を見たことが無い。Ｎａｔｉｏｎは主権国家を持つ意思と能力がある集団、Ｅｔｈｎｉｃは無い集団です。琉球を日本のＥｔｈｎｉｃと言うのは勝手ですが、どこがどうＮａｔｉｏｎなのか。質疑で変な教授に絡まれたので、「そういう証明をされたら」と返したら、「君は学界の通説を無視するのかね」と逆切れされた記憶があります。

そういう人が聞いたら発狂しそうな言い方を、あえてしましょう。

嘉吉元（一四四一）年四月十三日、琉球は公式に日本の領土になりました。それまでも日本人が実効支配していましたが、形式上確認できるのはこの時が最初です。

義教の異母弟で、例の籤引きでも候補に挙がった大覚寺義昭《ぎしょう》が謀反の疑いをかけられ遠く薩摩まで逃げていったのですが、島津忠国に討伐されました。義教はその褒美に琉球を与えているのです。その「感状」の正文《しょうもん》は残っていないのですが、写しは残っています（『島津家譜』）。正文なんか残ってなくても明らかな事実だったということです。国境紛争で大変とかなるような土地なら、絶対に残しておくものです。その感状が偽物だったとする説も根強いのですが、「島津は義教から琉球を与えられた」と信じられた事実が重要です。

明治政府は国境画定の時、琉球処分を行い、清と交渉したのですが、江戸時代の琉球出兵とともに、この時のことが持ち出しています。色んな日本の学界で、この時の義教の行動を否定しようとしていますが、琉球は中世から文化的に日本で、いかなる意味でも中国の領土ではありません。少なくとも、「琉球は日本じゃない、中国だ」と証明した学者、いたら出てきてほしい。

義教も、将軍就任当初は不如意なことが多々ありましたが、たった十三年で青森県から沖縄県までに統治を及ぼしました。古代の朝廷など、遠方の事はよほどのことが無い限り、ほったらかしでした。室町幕府にすら、そういう気風があります。義満ですら、応永の乱の時など関東公方の謀反が濃厚だったのに恭順の姿勢を示すと許してやりました。義満の死後、また京都の将軍家に反抗的になり、事なかれ主義者の義持はテキトーにやりすごしていました。

しかし、義教は将軍権力を日本中に及ぼします。九州大名は三つ巴四つ巴で仲が悪いのですが、そこに積極介入します。義教の行動原理は簡単で、「けじめをつける」なのです。

さて、初動の皇位継承問題の解決は別格として、朝廷の綱紀を粛正し、後南朝を撲滅し、叡山を焼き討ちにし、増長する守護大名たちに次々と鉄槌を下し、九州や関東を制圧。

もはや、やることは一つ。後継者の成長を待つだけです。ただし、嫡男（義勝）は七歳。

あと五年も待てば元服、さらに五年、十年もたてば、立派な後継者に育てられます。

そんな時に、嘉吉の変が起きました。嘉吉元（一四四一）年のことです。次の粛清対象と噂されていた赤松満祐が、だまし討ちで義教を謀殺したのです。義教は、殺された最後の一日ですべてを台無しにした感があります。貞成親王が「公方犬死」とか日記に書いているので、現在の学界でもそのような評価の人が多いようです。息子を天皇にしてもらっときながら、随分な恩知らずと思いますが。もっとも、義教の時代には天皇の実父でありながら、上皇になれませんでした。義教からしたら、「後花園天皇は後小松院の猶子なのだから」だったでしょうが、そういうところに不満を持ってもおかしくはないでしょう。後高倉院の先例がありますし。貞成親王は、後の義政の時代に上皇にしてもらっています。義教は、甘さを見せるところがありませんでした。

これは義教にこそ当てはまるでしょうが、頭がいい人は頭が悪い人の気持ちが分からないことが多々あります。何をやれば合理的かは考えられても、不合理な行動は読めないのです。実際、義教を弑逆した満祐も、ヤケクソでした。「殺される前に殺した」だけで、そのあとすぐに討伐されると思っていたくらいですから、単なる自暴自棄です。

しかし世の中、予想なんてできないもの。まず、義教の優秀な親衛隊は義教に殉死するがことく、ことごとくが戦って討ち死にしました。人材を欠いてしまう理由でもあります。

それ以上に予想外だったのは、管領の細川持之が呆れるほどポンコツだったこと。真っ先に壁をよじ登って全力疾走で逃げ、その姿があまりにもみっともないので誰も追いかけなかったとか。江戸幕末の安藤信正など坂下門外の変で襲われた時、背中を見せて逃げたという理由で老中を罷免されています。平和な時代がこれで、乱世の細川持之が無罪放免なのが不思議なもので。

それはともかく、大名たちは「赤松一人でこんなことできる訳がない。誰が黒幕なんだ」と疑心暗鬼。その間に赤松一族は屋敷を焼いて、悠々領国の播磨に帰国します。ようやく討伐軍が編成され、一番マシ、じゃなかった、豪勇だったのが山名持豊(のちの宗全)。最終的には後花園天皇から治罰の綸旨をいただき、赤松を滅ぼしました。

義教は天台座主から将軍になる時、相当な覚悟を決めたはずです。世界で誰よりも早く二百年先に絶対主義を確立した業績は評価して良いのではないでしょうか。

そう言えば、リシュリューも国王への忠誠心は本物でしたが、義教はそれ以上でした。

第十三節　後花園天皇が日本を亡国から救った

将軍を弑逆した赤松を討伐するのに、幕府は治罰の綸旨を賜りました。以後、幕府は何かと治罰の綸旨を願い出るようになります。最後は、たかが田舎の小豪族を倒すのに、いちいち朝敵認定しなければ勝てんのか？と言いたくなる惨状です。そんなんで治罰の綸旨が出せるんなら、女系天皇推進とか言っている●●●●●とか、秋篠宮家に関するデマを流しまくっている●●●●●●とか、朝敵であり逆賊なので、私も賜りたいくらいです。

冷静に考えると、永享の乱は将軍と将軍の争いなので、上には天皇しかいないという理屈は分かりますが、赤松征伐（嘉吉の乱）は謀反人征伐です。言ってしまえば、単なる足利幕府内部の不祥事にすぎない。なぜ、朝廷が逆賊認定する必要があるのか。

後花園天皇の視点では、「忠臣の義教を討ったから逆賊とした」という解釈は可能ではないかと思います。

ただ、三回目以降の綸旨奏請には困惑したと思います。綸旨乱発で幕府のだらしなさと反比例して、朝廷の権威は向上しますから、断る理由はありませんけれども。

桃崎有一郎先生によると、永享の乱の時と比して、嘉吉の乱の時の綸旨は長文でたいへんに格調高いとか。前掲『室町の覇者　足利義満』は現時点で後花園天皇に関して、最も優れた研究と思いますので、大きく参考にさせていただきながら話を進めます。

伏見宮家から天皇になったばかりの後花園天皇は、まだ九歳の子供でしたから、実際の政治はできません。義教自身が、学問をやるように熱心に指導しました。後花園天皇の父親である貞成親王もかなりの教育を施しています。十五歳で学者になってしまいます。少なくとも今の大学院生くらいの学力はあったようです。

後花園天皇は、後小松上皇の院宣ではなく、自身の綸旨で勅撰和歌集の編纂を始めます。和歌集の編纂は一大国家事業でした。当時の日本文化の粋を極める、という意義があります。

やがて義教は成人した後花園天皇に対し、朝廷のことは天皇自身で行うよう、自立を促す教育を施しました。除目《じもく》つまり人事をやらせました。

後花園天皇は図書館も作っています。さらに、当時の公家は武家の歴史などは勉強しないのが普通ですが、当時の近現代史である武家の歴史を独学します。生きた知識を持った学者天皇でした。

義教には将軍の後継者を育てる時間がありませんでしたが、後花園天皇を育て上げました。真の尊王家です。

おそらく誰もが抱いた疑問が「なぜ戦国乱世で日本は分裂しなかったのか」でしょうが、「後花園天皇がいたから」と断言したら過言でしょうか。それほど偉大な天皇です。

第十四節　三種の神器が無くても誰も権威を疑わない

後白河法皇のやらかし、承久の乱、両統迭立の争い、そして南北朝の動乱。朝廷の権威は失われる一方でした。当時の近現代史である南北朝時代においても、観応の擾乱では小突き回され、その後も特に尊敬された天皇はいません。要するに、朝廷の権威は落ちる一方でした。常に、「なんで天皇っているの」と思われ続ける存在でした。

そうした時代を終わらせようとしたのが義教で、後花園天皇は学識と人格を磨いた優れた人物に成長しました。

さてここで。

通説というより一部の人の信念
天皇の存在意義は祈りだ!

これに「それ、神主さんだから言うんでしょ」と指摘して大ひんしゅくを買ったことがあります（笑）。当時首相だった安倍晋三の熱心すぎる応援団が「天皇は黙って祈ってろ。安倍さんに逆らうな」と言い出した時は、「こいつら逆賊か」と思いましたけど。

私だって祈りは極めて大切だと思います。しかし、絶対ではない。たとえば、幼帝は成人するまで間違いなく祈れないはずです。大嘗祭で泣き出した六条天皇をはじめ、幼帝を数えたら三十三人いました。そのうち、六条・安徳・仲恭・四条の四方は、十歳になる前に践祚、十一歳になる前に崩御か退位（廃位）しています。祈りを絶対条件にしてしまうと、祈ってない天皇には存在意義が無いのかともなりかねません。

この理屈、三種の神器でも同じです。神器は大事だけど、絶対ではない。

嘉吉三（一四四三）年、禁闕《きんけつ》の変という、後南朝の蜂起事件が起こります。いきなり宮中に乱入して三種の神器の内の剣と勾玉を盗んでいきました。剣は直ちに幕府が奪還しましたが勾玉は以降十五年間、後南朝が持ったままでした。

ちなみに勾玉は長禄元（一四五七）年に赤松の残党が後南朝の連中をだまし討ちにして、取り返しました（長禄の変）。

三種の神器の所在で天皇の正統性が決まるのであれば、たいへん由々しき事態です。しかし勾玉不在の十五年間、後花園天皇の皇位の正統性を疑うものは誰一人いませんでした。人望があまりにも厚かったからです。

奪っていった後南朝の天皇は「自天王」と呼ばれます。自分で天皇のつもりだけど、偽物だから「自天王」で、「皇」の字を使ってくれません。

源平合戦で三種の神器は皇位の証ではなくなりましたし、南北朝の動乱で「京都を軍事占領している朝廷が正統（せいとう）」が現実となりました。今さら、三種の神器を盗んでいって、何になるのか。

話を飛ばして、作家の三島由紀夫は、二・二六事件を潰したので昭和天皇に批判的でした。昭和天皇は、天皇の名前を持ち出す割に天皇自身の意思を踏みにじる二・二六事件の首謀者を、嫌っていました。二・二六事件の青年将校が大好きな三島には、生身の昭和天皇よりも三種の神器に忠誠を誓うような言動があります。要するに、皇位の象徴が三種の神器だとの思い込みです。

私、友達だったら「禁闕の変って知らんのかい？」って突っ込んであげたところですが、私が生まれる前に亡くなられている方ですので。禁闕の変は三島の遺作の『豊饒の海』第二巻「奔馬」に一か所だけ出てきます。特に中身に触れた内容ではないのですが。まさか、自殺する前に知って、引っ込みがつかなくなったんじゃないよなと心配になりますが。

第十五節　応仁の乱はキャラが濃すぎる人たちの争い

朝廷は権威を象徴する存在ですから、賢い学者天皇はありがたい。

対して幕府は権力を行使する機関ですから、将軍はアホな方がいい。「神輿は軽くてパーがいい」じゃないですが。義教みたいにおっかないのが来るよりは、子供の時から軟弱に育てた方が既得権益層にとっては都合がいい。

時代は飛びますが、淀殿は息子秀頼に英才教育をほどこします。成果があって、文武両道に秀でた若者に育ちました。しかし、たった一つ、未来への意思に欠けました。承久の乱の後鳥羽上皇もそうですが、自分で出撃すれば勝ち目があったかもしれないのに、決断できなかった。そして身の破滅に。これをやれば正解なんてものはなく、「それをどうやってやればいいんだ」を追いかけるしかないのですが、なかなか難しい。

七代将軍義勝は早逝したので教育する間もなかったのですが、八代将軍となる義政は劣悪。義政治世の初期に「三魔」と評判が悪かったのが、有馬持家・烏丸資任・今参局です。

有馬は奉公衆で将軍側近。義政は烏丸邸で育ちます。そして今参局は義政の乳母です。大河ドラマ『花の乱』では（演・かたせ梨乃）愛人扱いでしたが、そういう風に信じられていたのも事実。とにもかくにも、ロクな環境ではない。バカ殿教育の出来上がりです。

大名たちの派閥は、斯波氏が義将の時代を絶頂に長期没落。畠山が主導するのを、山名宗全が婿の細川勝元と組んでひっくり返す。山名・細川連合軍は将軍側近集団も蹴散らす。しかし、今度は山名対細川の主導権争い、という流れで応仁の乱に至ります。

応仁の乱の原因は、将軍の後継問題だとよく言われます。まだ三十歳なのに義政がいきなり政治に嫌気が差し、弟でお坊さんの義視《よしみ》（当時の名は義尋《ぎじん》）に将軍職を譲ると言い出しました。ところが、義政の正室の日野富子が懐妊して男の子が生まれます。実子に将軍職を譲るのが当然だという話と、実の子が生まれたからといって後継を約束した実の弟を排除するとは何事だ、という話の対立から事は始まります。

最初、義視の後見人は細川勝元・富子が生んだ義尚の後見人は山名宗全でした。

勝元は「実の息子が生まれたからといって約束した後継を取り上げるとは何事だ」と迫る役回りです。その勝元、山名宗全の娘を妻にしていましたが、子供が生まれないので山名家から養子を取っていました。しかし、側室に子供が生まれたので実子に家督を譲ると

応仁の乱	
西軍	東軍
	足利義政
足利義視	足利義尚・日野富子
大内政弘	細川勝元
山名宗全	赤松政則
六角高頼	京極持清
畠山義就	畠山政長
斯波義廉（朝倉敏景）	斯波義敏
一色義直	
土岐成頼	
	今川義忠

いうことになり養子を山名家に送り返していたのです。どの口が言うか。

同時並行で、斯波家と畠山家の家督争いが発生。斯波家と畠山家の対立勢力がそれぞれ山名と細川に付く、という事態をも生んでいました。

こんな状況で義政は、「最後に言ってきた人の意見に従う」で裁断を下し続けました。アンタは鳩山由紀夫の前世か？

そんな義政の口車に乗って、乱の前哨戦で後土御門天皇が畠山政長に錦の御旗を与えたら、義就に負けてしまったという大失態まで発生します。

敵味方表です。

義尚と義視、細川と大内、赤松と山名のよ

うに「あいつとは不倶戴天」の者どうしを横に並べてみました。細川と大内は勘合貿易の利権をめぐるライバル、後に明の寧波《にんぽー》で殺し合いを始めるほど仲が悪い（明の役人は茫然自失）。山名は嘉吉の変で赤松の所領を得たので、失地回復は一族の悲願。六角と京極は、分家の京極が佐々木道誉から、本家の六角をコケにしまくって以来の宿敵。赤松と山名、京極と六角は領地も接してます。畠山・斯波は家督争い。

花の御所に細川軍が陣取っている内に、日野富子は勝元に後見人を依頼しました。受ける勝元も勝元。居場所がなくなった義視は脱出、西軍の大将に担がれます。

ちなみに山名宗全は、南朝の末裔を連れてきて「西陣南帝」と呼ばれましたが、誰一人その権威を信じません。

本当にそんな数字か知りませんが、全国から十六万対十一万と言われる大軍が集まってきます。たぶん、半分。東軍が奇襲攻撃でさっさと相手を殲滅してしまえば大乱にはならなかったものを、いい勝負に持ち込まれてしまいます。京都が火の海になり、大方の住民が疎開していきました。ということになっているのですが、後の天文法華の乱と記憶がごっちゃになっているような気が。

後花園上皇は、責任をとって出家してしまいます。

後花園上皇と息子の土御門天皇が花の御所に疎開してきます。ただし、綸旨を出せ、と細川に言われても、上皇と天皇は拒否します。治罰の綸旨を与えた側が負けてしまうという経験を一度しており、その失敗の反省から拒否したと考えられますが、畠山政長の件は本番で断る為に前哨戦では、そもそも負けるとわかっている方に治罰綸旨を与えた、という可能性もあります。

戦闘力に優るのが、山名宗全や畠山義就、政治力に優るのが細川勝元です。勝元はえげつなく、西軍の斯波義廉の越前守護代である朝倉敏景に「こちらに来たら守護にしてやる」と裏切らせます。これ、東軍の斯波義敏への裏切りでもあるのですが、お構いなし。上洛しようとする今川義忠には、義廉の領国の遠江を攻めさせ、後方かく乱。こんなことばかりやるから室町幕府の家格秩序は破壊、争乱は全国に飛び火します。

乱は決定打が無く、膠着。キャラの濃すぎる人だらけの闘争は、こんなもんです。

ところで、義教が死して幕府は動揺しますが、制度は残っています。家来たちが大軍を率いて殺し合いをしているのに、義政は何をしているのか。何もしませんが、そのやる気のない将軍を親衛隊が守っています。義政が怠惰でいられるのは、奉公衆がいるからです。

こんな中、将軍の義政は政治を諦めて遊んでばかりですが、後花園上皇はそんな義政をたしなめるなど、無力ながらできることをします。

人々に「将軍はダメでも、天皇さんは立派じゃん」と思われることで、皇室と日本を守ろうとしたのです。

第十六節　一休さんが天皇となる可能性

ダラダラと長引く乱を避け、公家の人たちはみな全国に疎開していきました。中には、一条氏のように、そのまま居着いて土佐の戦国大名になってしまうような人も現れます。山口の大内氏や駿河の今川氏などがその代表ですが、地方に公家文化が栄えることにもなりました。「居候こそ威張り散らせ」の法則で、『日本書紀』の素晴らしさを戦国大名に宣伝して回ります。皇室の権威をありがたがることになります。

こんな居候を保護する大名の側にも、実利がありました。

大内氏は、南北朝の初動から大宰府を地盤とする少弐氏が宿敵でした。大宰少弐が由来です。そこで大内氏は朝廷に多額の献金を行い、大宰大弐の役職を貰います。「お前より偉いぞ」って小学生の喧嘩のようですが、大まじめです。応仁の乱をきっかけに戦国時代が始まったと言われますが、実力主義・下剋上の世の中だからこそ、「人に言うことを聞かせる理由」が重大なのです。

たとえば、後に徳川氏は昨日まで同格だった豪族を倒した後、朝廷から三河守の官職をもらいました。朝廷の権威で「俺がお前たちに命令するのは正当なのだ。お前たちは俺を引きずりおろそうとするなよ」との宣言なのです。

将軍家の権威もそれなりに残るのですが、朝廷の権威が急速に高まります。

応仁の乱は両軍の大将の細川勝元と山名宗全が死んでも続き、義尚が将軍になっても続いて、みんなの気がすんだのか十一年で終わりました。畠山義就など、まだ暴れたりなかったようですが。なおも政長が幕府の管領権力で家督争いを有利にしようとしたのに対し、領国の河内や紀伊を独力で支配し、各地で抗争を繰り広げます。だから義就を「最初の戦国大名」と考えても、間違いではありません。

結局、京都では細川専制体制の基礎が築かれ、勘合貿易で食っていける大内は生き残り。他はすべて没落したと言っても言い過ぎではない状態となりました。

このような膠着した大乱に際して、天皇家はどちらの側にも一度も加担しなかった、という事実は残ります。

思えば、後花園天皇は、動乱の中で何の武力も持たずに、皇室の権威を高めた方でした。

特に皇族の確保に腐心しました。

律令では、皇位を継がない系統の皇族は五世以内に皇室を離れることになっていて、これを五世の孫《そん》の原則と言います。中世ではさらに厳しく、家を継がない皇族は一世から出家でした。しかし、それをやっていたら、皇族がいなくなります。三院廃太子拉致事件のようなことがあれば、どうなるのか。後花園天皇の実家の伏見宮家は塗炭の苦しみを味わいました。

当時は、皇族が本当に誰もいなくなったら、後小松天皇の落胤とされている一休さん（一休宗純）に皇族に戻ってもらって天皇になってもらうしかない、という話すらありました。少なくとも後花園天皇は一休さんに対してはそのつもりで接していました。一休さんがいきなりハンストを始めたことがあったのですが、「いざとなったら皇統を継がなければいけない立場にあることをお前はわかっているのか」と後花園天皇にたしなめられたといいます（東洋文庫『一休和尚年譜1』今泉淑夫・校註、平凡社、一九九八年、二七八頁）。

では一休さんが本当に御落胤だとして、天皇になって良いか。良い訳がありません。その時点では一般人で、しかもお坊さんです。「出家した人は即位できない」は、称徳天皇以来の不文律です。別に無理に一休さんを天皇にしたい訳ではなく、いざとなれば、の可能性を考えていただけのようです。そうならないように努力することが大事になります。

皇統断絶の危機に即位した後花園天皇、一四四二年に成仁《ふさひと》親王が生まれますが、男子は一人だけでした。幼児死亡率が高い時代ですが、無事に成長できました。一四五七年に親王宣下。一四六四年に譲位されて、後土御門天皇。ここに辿り着くまで、どれほど不安だったか、容易に想像できます。成仁親王が無事に成長できなかったら、他の宮家から再び傍系継承しなければなりません。

そこで後花園天皇は康正二（一四五六）年、弟の貞常親王に「永世伏見殿御所と称すべし」との勅命を与えました（『貞常親王御記』）。その正文は残っていませんが、伏見宮家が永世皇族を許されたのはあまりにも当たり前の事実なので不要です。貞常親王の子孫は代々、歴代天皇か治天の君の猶子となり、伏見宮家を継承しました。

以後、伏見宮家は江戸時代にも四親王家として残り、幕末には多くの皇子に恵まれ、明治には十一宮家に分かれます。十一宮家は日本国憲法下でも皇族でしたが、昭和二十二年に一斉に臣籍降下。今では「旧皇族」と言われています。その「旧皇族」の方はすべて、伏見宮家の子孫です。

現在、次世代の男性皇族は悠仁親王殿下お一人です。もし悠仁殿下にお子様が生まれなかったらどうするのか。本来は皇族だった旧皇族の男系男子孫の方々に皇籍を取得していただこうとの案が政府で提案され、政界の大勢が賛成です。

もし皇統が絶えそうになった時の為に、お前の子孫は皇室に残れ。そう命令された貞常親王の子孫が、いわゆる旧皇族の方々です。

今こそ、後花園天皇の勅命の重みを考えるべきです。

第四章　戦国時代　なぜ武力で皇室を滅ぼせないのか

第一節　最強の戦国大名、足利将軍家

大方の人の戦国時代のイメージ、こんな感じじゃないでしょうか。

通説 応仁の乱で戦国時代に。足利義昭が織田信長に京都から追放されて、室町幕府は滅んだ。

要するに、応仁の乱で将軍の権力は地に墜ち、全国で戦国大名たちが好き勝手やっている戦国時代が始まった、と。

ただ、それまでの政権が全国に権力を行使してきたかと言うと、そんなことはなく、基本的には「現地の事は現地でやって」です。

そもそも、文明九（一四七七）年に応仁の乱が終わった時点で、「最強の戦国大名」は足利将軍家です。将軍親衛隊の奉公衆は健在です。ただ、その最強の軍隊を、将軍が使いこなせたかと言うと、かなり疑問です。

九代将軍を継いだ義尚は、一番手近な南近江へ六角征伐（一四八七〜八九年）に行きました。奉公衆との所領係争から始まり、将軍権威を見せつけようと六角氏の討伐に出陣したのです（鈎《まがり》の陣）。六角征伐は将軍が戦うまでもなく成功してしまいます。

ただし、南近江は甲賀忍者の里。六角氏は、その頭目です。支那事変のごとく、正規戦では大日本帝国が圧勝しているのに中華民国軍がゲリラ戦で抵抗しているような、誰と戦っているのかよくわからない泥沼の状態になります。

かといって義尚は、大日本帝国と同じく負けているわけではありません。義尚は六角から奪った領地を親衛隊に配り、幕府機構をそのまま近江に持っていってしまいました。義尚はそこで毎日浴びるように酒を飲み、アル中で死んでしまいます。頓死にもほどがある……。義尚頓死の時に二十五歳。子供はいません。

そこで故・義尚の母で、応仁の乱の際に敵味方構わず金を貸し付け回って力をつけていた日野富子が、後継に義材《よしき》を指名します。と言われても何のことかわかりませんが、義材は応仁の乱で敵方の大将となった義視の息子です。いったい、何の為の応仁の乱だったのだか。

明応二（一四九三）年、十代将軍となった足利義材も、将軍権威を高揚させようと、親征を断行します。応仁の乱の当時者だった畠山政長は健在で、故・義就の子の基家と抗争を繰り広げていました。義材は基家討伐の兵を挙げます。

しかし、管領の細川政元がクーデターを起こし、政長は自刃。義材も廃され、十一代将軍には義澄が据えられます（明応の政変）。義澄はまったくの傀儡で、政元は「半将軍」と呼ばれるほどの権勢を築きます。細川本家は京兆家と呼ばれます。京兆とは細川宗家が代々務めてきた右京太夫の唐風呼称です。だから「京兆専制」と呼ばれたりします。

明応の政変で、奉公衆は解体に追い込まれました。だから、明応の政変を戦国時代のはじまりとする説が有力です。

第二節　中央権力の消失、どこにも英雄がいない

この節で語る時代、まともに本にするとよほどのマニア以外に喜ばない時代です。私みたいな（苦笑）。ということで、超速で。途中ハショってますが、ツッコミは無しで。

まずは通説。

通説
戦国時代は下剋上と言って、下の者が上の者を倒して取って代わった時代だ。

これ、信じている人、多いんですよね。じゃあ、誰が取って代わったって、言えない。あまりにもマイナーな時代ということもありますが（笑）。

地方で勝手にやっているとはいっても、応仁の乱や明応の政変の後も、まだまだ政治の中心は京都です。京兆専制体制では、日本最強の大名は細川政元なのです。

問題は、細川政元が極端な変人だったことです。天狗になる修行をしていました。それより問題は、男にしか興味がなく、ずっと独身だったことです。昔は、「男が好きでも構わないから子供だけは作ってよ」が当主の義務だったのですが、政元は女に目もくれず、よせばいいのに三人も養子をとってしまいました。澄元、澄之、高国です。それが原因で、以後は三派に分かれて派閥抗争になります。永正四（一五〇七）年、本人も細川澄之の家臣に暗殺されてしまいました（永正の錯乱）。

明応の政変までは、義尚対義視、義材対義澄のように足利将軍家の主導権争いが最大の争点でしたが、政元の死後は細川家の主導権争いが最大の争点になります。その過程を全部追っても、今の日本政治と同じで登場人物が全員小物で、つまんなくて、細かすぎるので、表で超速説明。

本当はアクターがウジャウジャいるのですが、足利・細川・大内・六角・三好と名のつく有力者のみ挙げます。

☆永正の錯乱（一五〇七）

細川政元		
足利義澄 細川澄元 三好之長	細川高国	細川澄之

澄之が討ち取られると、即座に澄元と高国が対立。

ここに流浪していた義材が大内義興の支援を得て介入。船岡山合戦に勝利して、十五年ぶりに将軍へ返り咲きます。義稙《よしたね》と改名します。

大内義興が在京して、義稙の政権を支えました。

☆船岡山合戦（一五一一）

足利義澄 細川澄元 三好之長	足利義材（義稙） 細川高国 大内義興 六角高頼

しかし、義興だっていつまでも京都にいる訳にいきません。十年も国を空けていたので、領国経営が疎かになっていました。帰国します。

すると細川・六角は義澄の遺児の義晴を担ぎ、義稙を追い出します。

☆足利義稙追放（一五二一）

足利義晴 細川高国 六角高頼	足利義稙

ここに義稙系は完全に没落。

今度は、反主流派が義晴の弟の義維《よしつな》を担いで派閥抗争を始めます。この辺りは離合集散が細かすぎるので大まかに。

☆桂川原の戦い（一五二六〜二七）

足利義晴 細川高国	足利義維 細川晴元 三好元長 柳本賢治

☆大物《だいもつ》崩れ（一五三一）

足利義晴 細川高国 浦上村宗	足利義維 細川晴元 三好元長

☆三好元長誅殺（一五三二）

足利義晴 細川晴元 三好政長 本願寺証如	三好元長

例外的に、戦国マニアなら知る人ぞ知る浦上則宗と、短期間ながら京都を占領した「小型木曽義仲」みたいな柳本賢治《かたはる》を入れておきました。さらに本願寺も。

義晴はしょうちゅう京都を脱出するのですが、なんとか政権を維持します。政権と言えるほどの権力があったかどうか、もはや不明ですが、それでも官僚機構は維持しています。ちなみに、義維も独自の行政機構を持ち、その拠点から「堺幕府」とも言われます。

ただでさえマイナーでわかりにくい時代を、さらにわかりにくくするのが、宗教問題。日本最高の宗教団体は比叡山延暦寺でしたが、これに法華宗が疎まれます。さらに新興勢力として蓮如が築き上げた本願寺が絡み、三つ巴の争いに。一五三六年に天文法華の乱が発生し、京都が焼け野原になります。よってたかって法華宗を袋叩き。

ダイジェストでお届けしていますが、この時点で応仁の乱から約七十年、永正の錯乱からでも約三十年が経っています。ようやく実力者らしい人が現れます。三好長慶です。

☆三好長慶上洛（一五三九）

細川晴元	足利義晴
三好長慶	六角定頼

☆細川氏綱挙兵（一五四三）

細川晴元 三好長慶	足利義晴・義輝 細川氏綱

☆江口の戦い（一五四九）

足利義晴・義輝 細川晴元 三好政長 六角定頼・義賢	細川氏綱 三好長慶

将軍の義晴は、相変わらず京都を出たり入ったり。近江に疎開している期間の方が長いくらいです。一五四六年、十歳の息子の義輝に将軍を譲ります。

この頃になると、将軍はお飾り。細川氏すら派閥抗争のやりすぎで、家臣の三好の方がよっぽど力を持ち、その中で頭角を現して畿内最大の勢力を築くのが三好長慶です。

☆霊山城の戦い（一五五三）

足利義輝 細川氏綱	三好長慶

最終的には、長慶は将軍の義輝を立て、和睦します。

果てしなく戦乱が続いていますが、誰も幕府の主導権を握れません。一説には、小氷河期で作物が不作なので、誰がやっても上手くいかない状況だったとも言われます。京都はこの通りの戦乱に明け暮れ、日本国には中央権力が存在しない状態です。たまに大内義興とか三好長慶が出てきますが、せいぜい畿内に威令を轟かせるのが精いっぱい。地方でも小競り合いが続いています。

ところで、気付いたでしょうか。誰も将軍どころか管領にも取って代わらないのです。大内や六角が「管領代」という役職に就きましたが、管領にはならない。

それは室町が実力主義と同時に権威主義《ランク》だからです。この期に及んでも、その権威主義が生きているのです。ついでに、官僚機構（奉行衆）も。

この権威主義、地方でも同じです。三職七頭の室町の門閥勢力は弱体化しながらも、戦国大名として生き残ります。その十家の滅亡を全部語っても良いのですが、一例として斯波氏だけ。

斯波氏は、越前・遠江・尾張の三国を領有していました。越前は応仁の乱のドサクサに、管領細川勝元公認の下剋上で、守護代の朝倉氏に奪われます。その朝倉氏、「成り上がり者ほど貴族らしく振る舞う」の法則の通りの行動、幕府相伴衆という格付けをされて喜んでいます。遠江は、これまた勝元の使嗾《しそう》で隣国の今川氏に奪われてしまいました。

そして尾張は下剋上で織田信長という人に奪われます。信長という人のやり口は簡単で、敵対勢力を「武衛様に対する謀反人」として討伐していきます。武衛は斯波氏当主がなる右兵衛督の唐風。細川の京兆と同じです。そして信長は最後に、その武衛様を追放。その承認を将軍に求めに行く、です。この期に及んで、実力が必要条件で権威が十分条件なのです。

権威の源は、天皇です。

第三節　皇室の戦国時代とは、譲位ができなくなる時代

さて、この動乱の時代を朝廷の目線で見ると、どうなるか。褒められた時代ではないけれども、南北朝よりはマシです。ロクな時代ではないにしても。そこで通説。

通説
戦国時代は皇室衰微と言って、皇室が貧乏になった時代で、権威が低下した。

大事な儀式も行えないほど貧乏になったのは確かですが、坂道を転がるように権威が落ちたかと言うと、そうでもないのです。プラスとマイナスの、両方の面を見ないとわかりません。

まず朝廷目線での戦国時代とは、「譲位ができない時代」です。

奈良の大仏で有名な聖武天皇の譲位以来、譲位が常例となっていました。平安時代なんて、「生きている間に崩御するのは不吉だ」と危篤になると急いで譲位をしますが、間に合わなくなって「死後譲位」となった後一条天皇なんて方もいます。白河天皇以降は、譲位をしてから治天の君になります。ところが、後花園天皇を最後に譲位ができなくなります。

譲位と言っても簡単では無く、色んな儀式がありますし、仙洞御所と言って上皇が住む建物を新造しなければなりません。お金が無いと譲位はできないのです。譲位が復活したのは、正親町天皇。一五八六年、豊臣秀吉の時代です。起点をいつにするかはともかく、皇室においては、正親町天皇が譲位した一五八六年までが戦国時代です。そう言えば、『国民が知らない　上皇の日本史』（祥伝社、二〇一八年）なんて名著もありましたね。

さて、第百三代後土御門天皇（在位一四六四～五〇〇年）。生涯、五度にわたり譲位を阻まれました。

この方、応仁の乱の最中に、将軍御台所の日野富子とダブル不倫の噂が流れます。ホントにしてたかどうかは知りませんが。

それはさておき、後土御門天皇が最も譲位を切望したのが、明応の政変の際です。自分が任命した将軍が、そのまた家来の細川政元に首を挿げ替えられました。しかし、譲位をしたくても金が無い。その金を用立てようとすると、当の政元に頼らざるをえない。断念しました。

後土御門天皇の時代から、儀式が滞るようになります。政元は、「儀式をやったって実態が伴わなければ誰も帝だと認めませんよ」と放言する始末。しかも「それでも私は帝だと認めますけれどもね」と、ヌケヌケと申し添えるところが、また嫌みです。

それでも朝廷は全国の大名から献金を集めて回り儀式を続けますが、大嘗祭《だいじょうさい》のような大事な儀式ですら途絶えてしまいます。大嘗祭とは新帝が一生に一度だけ行う新嘗祭《にいなめさい》です。新嘗祭とは一年に一度、神様に五穀豊穣を祝う儀式ですが、そんな大事な儀式も途絶えてしまいました。

伊勢神宮の式年遷宮《しきねんせんぐう》も、一四六二年の内宮式年遷宮を最後に、後土御門天皇は行うことができませんでした。結局、百年以上も途絶えます。

そして不吉と穢れを嫌う朝廷で、後土御門天皇崩御の後、遺骸が四十日も放置され、葬儀が行われたのは四十三日後となりました。

次の後柏原天皇は二十年以上も即位できずにいました（在位一五〇〇～二六年）。ここでおさらいですが、践祚とは天皇になること、即位とは天皇になったことを知らしめる儀式のことです。践祚はしたのですが、即位礼は二十二年目です。幕府の献金だけでは足りなかったからです。これだけ戦乱を続けていれば、そんな余裕がないのもむべなるかな。足利義稙の政権が安定しないのは、こういうところにも見て取れます。後柏原天皇が即位礼をあげられたのには、本願寺の献金が大きく貢献しました。

石山本願寺と言えば、今の大阪城の場所に城塞のような寺を構え、全国に信徒がひろがっていました。強固な地盤の北陸では、一向一揆が守護の富樫氏を打倒し、「百姓の持ちたる国」を樹立しました。

室町と言えば一揆を思い浮かべる人もいるでしょうが、もともとは「徒党」くらいの意味です。たとえば美濃土岐氏の「桔梗一揆」は「桔梗の旗印を掲げる軍事集団」くらいの意味です。それがいつしか「武装反乱」の意味に転じます。

土一揆は土民の蜂起、借金の棒引き（徳政）を求めて暴動を起こすのが常でした。そのすべてが単発の暴動にすぎません。国一揆は国人と呼ばれる土豪が起こす一揆ですが、せいぜい「暴動付きストライキ」くらいのもの。有名な山城国一揆は国人衆が蜂起して、対立する畠山政長と義就の双方を退去させて八年も自治を行ったとされます（一四八五～九三年）。しかし、不思議でもなんでもないことに明応の政変とともに、自治は消滅します。こんなの、黒幕に細川政元がいたので一揆が成功し、不要になったので自治を取り上げられた以外の解釈があるのか。つまり、室町の体制の枠内にあるのです。これらは、民衆革命などとは程遠い存在です。

ところが、加賀一向一揆は正真正銘、既存の守護大名を自力で倒しました。体制の枠内を飛び出しています。事実、戦国大名の多くは一向一揆との戦いに苦しめられました。織田信長の天下統一事業の大抵抗勢力でしたし、徳川家康にとって三河一向一揆の制圧は「神君三大危機」の一つに数えられています。命を恐れず向かってくる民衆に、戦国末期には鉄砲を操るプロ集団の傭兵も加わります。何より、家臣たちが信仰に目覚めてしまうと、主君の言うことを聞かなくなります。どの戦国大名にとっても不気味なのです。朝倉宗滴や上杉謙信相手に、何度殴られても命を恐れず立ち向かっていく集団です。

新興宗教が国家を超越するなど、古今東西、普通のことです。

ところが、本願寺は朝廷への尊崇心が厚く、端《はな》っから勅願寺になって喜んでいます。彼らは、室町の世俗秩序は飛び越えるのですが、皇室によって形成される国体の中にいるのです。

戦国時代を通じ、大事な儀式が行われず、皇室衰微と言われる状況になります。それでも、大名だけでなく本願寺のような新興勢力までが朝廷の権威を求めてきました。現実に武力どころか、儀式にも事欠くような状態でも、朝廷はなんとか存続していました。

これを良しとしなかったのが、後奈良天皇（在位一五二六～五七年）です。例によって践祚から十年も即位礼を行えません。大内・今川・北条など、羽振りが良かった大名たちからの献金が集まり、やっと行えました。ただ天皇自身は、売官が嫌いだったようで。書や和歌を書いて、売り出していました。要するに「不正な金を受け取るのが嫌でバイトしていた天皇」です。豊臣秀吉以前の御所は平気で庶民も入り込んでいましたから（入ってはいけないゾーンは心得ていた）、置いておくと、お金を残して持っていったのです。やたらと御真筆が残っています。疫病流行の際には般若心経を書写して、全国の寺に納めさせたとのお話が残っています。

第四節　戦国大名の大半は、天下統一など目指していなかった

天皇も金策に苦心するなら、将軍も苦労しています。文字通りの売名もやりました。たとえば十三代将軍義輝なら、「義」と「輝」の字を売ります。朝倉義景、島津義久、尼子義久、最上義光、上杉輝虎、伊達輝宗、毛利輝元など。字をあげることを偏諱《へんき》と言って、忠誠の証になります。全員がお金を払ったかどうか知りませんが。「義」の字は足利家の通字なので、値段が三倍くらいするのに、毛利輝元は「義の字をもらうと義元で今川義元と同じになるから嫌じゃ」と輝の字をもらったとか。

義輝は少年の頃から戦乱に巻き込まれていることもあり、剣の腕を磨いたようです。剣豪の塚原卜伝から免許皆伝を受けたとの伝説も。

百年も続いた戦乱にも飽きがきていました。下剋上の時代と言いますが、ここまで扱った戦国時代の前期と中期は、それ以前の室町幕府の秩序も残っているのです。前時代の守護大名と区別し、中央権力から独立した権力を確立した大名を戦国大名と言います。では、その出自は？　有名どころを、あげていきましょう。

パターン１　東北の大名	伊達、最上、芦名、佐竹
パターン２　守護大名から戦国大名へ	細川、今川、武田、朝倉、六角、畠山、北畠、大内、大友、島津
パターン３　守護代や国人から戦国大名へ	上杉、斎藤、織田、徳川、浅井、尼子、毛利、宇喜多、長曾我部、竜造寺
パターン４　大名の家臣から戦国大名へ	三好、松永、羽柴、柴田、明智、滝川、丹羽

まず東北地方は、戦国末期に伊達政宗が登場するまで、戦国乱世と無縁です。別に平和だったわけではなく、前時代の室町時代と同じように、大名（豪族）はみんな親戚で、小競り合いはするけれども、相手を滅ぼすまではやり合わない、を繰り返していました。

実は多いのが、守護大名がそのまま戦国大名になったパターン２です。パターン３は意外と少ないし、下剋上がどんなものかは既に説明しました。ここまでで登場していない有名どころと言えば、関東に覇を唱えた北条氏（鎌倉と区別して後北条氏）ですが、初代北条早雲は幕府政所の伊勢氏出身で名門です。

ここまでで挙げた中で江戸時代まで生き残ったのは、徳川・伊達・佐竹・上杉・毛利・島津だけです。

そしてパターン4は細川家と織田家の家臣しかいない（笑）。織田家の武将を戦国大名とは呼びませんが実質は。他は豊臣・徳川に従って大名に取り立てられた大名ばかりです。前田とか井伊とか。前田や井伊は、戦国大名とも区別して近世大名と呼ばれます。

多くの戦国大名は最後にいなくなるから影が薄いのですが、戦国時代の大半は、前時代の室町時代を引きずった、ダラダラした時代なのです。実力主義だけど権威主義、ただし突き抜けた人がいない時代です。

さて、義輝が成人したころ、気候もよくなったようですし、世の中の空気が変わります。ただ、時代の流れが発生したとしても、その流れを掴めるとは限りません。義輝は将軍らしい将軍たろうと意欲的でした。全国各地の大名の争いを調停・介入し続けます。しかし、大名たちも生きるのに精いっぱいです。

たとえば甲斐の武田信玄はライフワークを信濃征服に定めて十何年かけて侵略。これに対し、土地を奪われた信濃の豪族に助けを求められた越後の上杉謙信が介入。もう十何年もつばぜり合いを繰り広げています。将軍の命令だからと、やめられるでしょうか。畿内の人々は、さらに深刻です。三好長慶が亡くなると抑えが利かなくなり、義輝は永禄八（一五六五）年に三好三人衆と松永久通に御所を包囲されて暗殺されます（永禄の変）。この時、「家宝の剣を畳に刺し、刃こぼれするたびに一本ずつ抜いて卜伝秘伝の〝一の太刀〟という技を繰り出しながら三好松永の兵士を片っ端から切りまくったけれども、最後に力尽きて、一斉に畳を覆いかぶせられて刺し殺された」と、滅茶苦茶格好いい伝説がありますが、後世の創作のようです。残念。だいたい、それ誰が見たんか？

似たような状況の本能寺の変では、女子供は逃がしてくれたので、信長の最後に関しては証言者多数で、『信長公記』の著者の太田牛一が片っ端からインタビューしていて、かなりの事が分かります。

ところで、昔は「戦国時代は下剋上の世で、足利将軍が家来の細川の、その家来の三好の、そのまた家来の松永久秀に殺された」と言われましたが、当日の久秀は大和国にいてアリバイがあるようです。やったのは息子の久通。最近の戦国研究はかなり進歩して、裏切りの代名詞だった久秀は、むしろ義理堅い人物だったとの評価も出てきています。二十一世紀最高の大河ドラマ（倉山認定）の『麒麟が来る』では、吉田鋼太郎さんがそういうキャラで描かれていましたが、さすがに褒めすぎなような気がします。

信長が家康に言った「この者は人にできないことを三つもやった。第一に将軍弑逆、第二に主殺し、第三に大仏殿焼き討ち」は、第一は管理不行き届き、第二は三好長慶を殺したのは冤罪、第三は三好三人衆との戦闘中の失火なので過失、とのことです。

ただ、義輝が「家来の家来の家来に殺された」のは、事実。

ここで通説。

通説

戦国時代、全国の大名が天下統一を目指して、上洛を目標に抗争を繰り広げた。

この後、上杉や武田は領地が京都に遠すぎて不利だったけど、織田信長は肥沃な尾張美濃を統一したので有利だった、と続きます。

どこに「天下統一を目指して上洛を目標にした」なんて大名がいたのか。室町幕府が全国政権の性格を無くして以降、「天下」とは畿内の意味に変わっています。もっとも、その畿内すら満足に治められたかと言うと、はなはだ疑問ですが。

細川政元や大内義興は京都周辺で手一杯でしたし、三好長慶でようやく「畿内」の意味での「天下」統一です。ほとんどの大名は、地元と隣国だけが自分の住む世界です。

上洛が天下統一の条件なら、上杉謙信なんて二回もしています。通り道の大名は「どうぞ、お通りください」です。もし戦国時代を、「全国の大名が京都を目指して一斉にレースをしていた」なんて捉えたら、大間違いです。単に足利将軍家や細川京兆家の威令が届かなくなったので、全国の大名たちは自力救済で隣国と小競り合いをしていただけです。その中で従来の守護大名のうち力が無いと思われた者は、隣国に打ち滅ぼされるか、下剋上されるかの憂き目になっただけです。

もし天下が「全国」の意味なら、その意味での天下統一を目指した大名など、織田信長まで一人もいません。将軍の義輝は目指しましたがマトモに軍事力が伴わないので、信長みたいに「逆らう奴は攻め滅ぼす」ができません。晩年の武田信玄はその意味での天下統一を目指して上洛に出ましたが、信長がやるまでそんな発想はありませんでした。

はっきり言えば、「上洛して全国を統一する」なんて、信長の誇大妄想です。ただし、この場合の「誇大妄想」は誉め言葉です。成功した誇大妄想を理想と呼び、失敗した理想は誇大妄想にすぎません。尾張（愛知県西部）の田舎大名の信長には、日本国の秩序に責任を持つ義理など無いのです。齢三十四にして一生遊んで暮らせる財産を得たのですから、何もしなくて良かったのです。

そうした生き方をしたのが毛利元就です。一代にして中国地方十か国の覇者となってからは、子孫にも「ゆめゆめ、京都に上ろうとしてはならない」と言い含めるほどです。大内義興が京都政治に介入して何もいいことが無かったからです。その大内氏の落ち目に付け込んで台頭したのが、他ならぬ毛利氏でしたし。

しかし、信長はあえて保身ではなく、戦いの道を選びました。その生きざまと秀でた経営術については、小著『大間違いの織田信長』（ベストセラーズ、二〇一七年）をどうぞ。

第五節　足利義昭で、室町幕府十九回目の滅亡

戦国時代後半、ヨーロッパ人が来航します。一五四三年、ポルトガル人が来航し、鉄砲が伝来。一五四九年、スペイン人のフランシスコ・ザビエルがカトリックを伝来。またたくまに鉄砲は全国に広がります。またキリスト教が現代に至るまで日本の社会に影響を与える端緒となります。

正親町天皇はキリスト教の布教を禁止しましたが、あまり効果なし。生前の織田信長は

保護しましたが、豊臣秀吉は禁止。徳川家康は禁止しませんでしたが、三代将軍家光の時代に禁止、という流れです。

この時、宣教師が日本の様子を「日本には皇帝が二人おり、一人の天皇というのはローマ教皇みたいなもので、もう一人の将軍というのが皇帝みたいなものだ」と書き記しています。「将軍が神聖ローマ皇帝みたいなものだ」は言いえて妙。当時のハプスブルク家に関しては、誰が書いたか知りませんが、『嘘だらけの日独近現代史』（扶桑社、二〇一八年）という名著をどうぞ。ただ、天皇が教皇かと言うと、違います。

ヨーロッパでは教皇も皇帝もプレーヤーになって、どこにも超越したアンパイアは存在しません。ローマ教皇は、日本でいうと延暦寺天台座主みたいなものです。それに対して天皇は絶対にプレーヤーにはならず、アンパイアに徹します。天皇は、ローマ教皇にあたる延暦寺天台座主と神聖ローマ皇帝に当たる征夷大将軍の上に君臨する超権威です。ヨーロッパとは全く違うということが、天皇家が生き残ることができた秘訣です。

ローマ教皇と違い、天皇は独自の武力も領土も持っていません（申し訳程度の所領があるだけ）。プレーヤーにはなれません。ただし、プレーヤーに天皇を蔑ろにする者がいれば、そいつを攻撃する大義名分にはできます。細川政元なんかは乗り切りましたが、足利義稙や義輝、後の義昭などは「朝廷へのお勤めを怠っている」と攻撃する大義名分にされました。過大評価はできないまでも、無視もできないのが戦国期の朝廷です。

さて、邪魔な義輝を弑逆した三好・松永の一党、世間から白眼視されます。次の将軍に義維の息子の義栄を据えようとしますが、朝廷からは「献金の額が少ない」と二年も先送りにされます。一五六八年正月、ようやく将軍宣下がなされます。しかし、戦乱が続き、阿波（徳島県）に留まらざるをえません。そして京都の地を踏むことなく、病気で亡くなりました。

永禄十一（一五六八）年九月、足利義昭を擁立する織田信長が上洛戦を開始し、十月には京都を制圧。応仁の乱の開始から百年、ようやく統一の機運が見え、って言うのは後世の結果論で、当時の人にはわかりません。

信長のおかげで義昭は十五代将軍に宣下されました。信長は周辺の大名との戦いの日々に突入します。三回も包囲網を敷かれます。その信長と義昭がいつまで蜜月だったかは諸説あり、最初から険悪だったけれども呉越同舟だったとも、ギリギリまで蜜月だったけど最終局面で決裂したとも言われます。いずれにしても最終的には信長が義昭を追放しました。再び通説。

通説

足利義昭が織田信長に京都を追放されて、室町幕府は滅んだ。

しかし、義昭は京都追放後も不屈の闘志で信長に抵抗します。亡命先で「鞆幕府」を樹立したとも言われますし、第三次信長包囲網は、義昭の主導であったとの説も（使われただけとの説も、相手にされていなかったとの説も）。

義昭の主観では、「幕府滅亡」などと考えてもいなかったのは間違いないでしょう。将軍が京都から出ていかざるを得なくなったのが滅亡なら、「室町幕府十九回目の滅亡」です。

若い頃、暇つぶしに一覧にした表をご披露。

【足利幕府滅亡一覧】

1. 一三五一年二月、観応の擾乱。尊氏、直義に降伏
2. 一三五一年七月、尊氏「佐々木道誉を討つ」と出奔
3. 一三五二年閏二月、南朝が京都占領。義詮、逃亡（将軍の尊氏は鎌倉で敗北）
4. 一三五三年六月、山名時氏・楠木正儀、京都占領。義詮、逃亡

5. 一三五五年一月、直冬・山名時氏、京都占領。義詮、逃亡
6. 一三六一年、南朝が京都占領。義詮、逃亡
7. 一四九三年、明応の政変。義材、逃亡
8. 一五〇八年、大内義興、上京。義澄、逃亡
9. 一五一三年、義尹（義稙）出奔
10. 一五二一年、義稙、追放
11. 一五二七年、桂川原の戦い。義晴、逃亡
12. 一五二八年、義晴、近江に退却。朽木幕府
13. 一五四一年、義晴、近江に逃れる
14. 一五四六年、義晴、近江に疎開
15. 一五四七年、義晴、近江に逃亡
16. 一五四九年、義晴・義藤（義輝）、近江に疎開
17. 一五五〇年、中尾城の戦い。義藤、近江に退却
18. 一五五三年、義輝、近江に逃亡
19. 一五七三年、義昭、追放

20．一五八七年、義昭、将軍解任

戦略的撤退ですぐに京都を奪還した人もいれば、義稙のように不屈の執念で返り咲いた人もいます。征夷大将軍の返り咲きは、史上唯一です。執念深い義昭、信長に追放されて諦めてなどいません。

何より、京都追放後も義昭は、現職征夷大将軍なのです。

第六節　正親町天皇と信長、本当の仲はどうだったのか

一時期の織田信長は「権威の破壊者」と言われていましたが、実は体制内改革者で、意外と旧世代の権威を尊重する人でした。一時は変な説を唱えていた人もいました。

一度も通説になったことが無い説

織田信長は自分を神と信じ、天皇になろうとした。

ルイス・フロイスって宣教師の『日本史』という玉石混交の見聞録で「信長は安土城に

人々を招き、自分を神に見立てて人々に金品を上納させた」と書いたから、おかしな説が信じられたのでしょうが（ルイス・フロイス『完訳フロイス日本史3織田信長編Ⅲ』松田毅一・川崎桃太訳、中央公論新社、二〇〇〇年、一三三頁）。それ、信長がネタで、自分を「神」に見立ててお賽銭を出させたら、見事にギャグが滑った、で説明がつく話なのですが。

真面目に言うと、ヨーロッパ人の「神」は「GOD」で、唯一神で宇宙の絶対者。日本の神は多神教の神で、「De・ity」です。単語からして違います。フロイス、信長が自分を「GOD」と思い込んだと勘違いしたのでは？

だいたい、織田家は神主の家系で、熱田神宮の利益代表。自身も、禊《みそぎ》の作法を神主に指導できるほどのマニア。そんな信長が「天皇になろうとした」など、ありえません。信長、寺は焼きまくってますが、神社を焼いたなんて聞いたことがありませんし。

明治以降、朝廷と神道を保護した功績が称えられまくり、最後は建勲《たけいさお》神社の御祭神にしてもらいます。ついでに言うと、秀吉と家康は死後直後に神様にしてもらっています。神様の概念が違いすぎます。

仮に信長が「天皇になろう」なんて考えても、その瞬間に袋叩きにされて終わりでしょう。だいたい、死ぬまでに若い頃の足利義満の権力を手にできませんでした。皇位簒奪など考えても、カスリもしません。

ここで皇位簒奪と言えば、学界では「今谷タブー」です。学界の皆さん、今谷明『信長と天皇：中世的権威に挑む覇王』（講談社、一九九二年）を否定しないと気が済まないようで。

通説
織田信長と正親町天皇の関係は終始良好だった。悪化したことなど一度も無い。ましてや、「老獪な正親町天皇に信長が翻弄される」などありえない。

信長が東大寺の秘宝の香木の蘭奢待を切り取った時、正親町天皇が不快感を抱いている以上、「関係悪化が一度も無い」とは言えないはずです。

ここで今谷批判の文脈で出される事例を。

信長が、馬揃えと呼ばれる軍事パレードをやったことがあります。信長の軍事力を正親町天皇にデモンストレーションしたのですが、これに対し正親町天皇が「まろも見たいよお」などと発言したことを持ち出して、今谷説は間違いだと断定する人が後を絶ちません。もう少し社会科学を勉強された方が深みのある議論ができると思いますが。

戦後の話です。右翼の親玉の児玉誉士夫が自民党実力者の河野一郎の前に手下の暴力団のヤクザをずらりと並べ、「ここにいる者どもは全員、河野先生がいざというときには働きます」と忠誠を誓ったことがあったとか（有馬哲夫『児玉誉士夫　巨魁の昭和史』文藝春秋、二〇一三年、十頁）。さて、これって友好の証でしょうか、脅迫でしょうか。

両方です。政治では、一つの行動で二つ以上の意味を持たせることが、往々にしてあります。「友好か脅迫か」なんて二択の議論、幼稚にすぎます。専門の時代を問わず、「一次史料を丹念に読むのが歴史学」と威張る人がいるのですが、それ読書感想文とどう違うのか。前近代の（特に中世の）専門家は、佐藤進一『古文書学入門』（法政大学出版局、初版は一九七一年）から始めて、必ず文書学の方法論を身に着けているのがプロの証ですが、その中世史家が近現代史専門家の如き読書感想文歴史学をやって、どうするのか。

信長と正親町天皇、利用し合う関係に決まっています。さすっているようで叩いている、叩いているようでさすっているのが、政治です。

『信長と天皇』は、「正親町天皇から見た戦国時代」がテーマです。正親町天皇は生まれた時から、細川・大内・三好・柳本・松永・織田と、次々と京都を軍事占領する権力者を見てきています。言ってしまえば、木曽義仲が毎度の如くやってくるようなものです。そのかわし方を心得ていないで、どうやって朝廷が存続できるのか。

だからこそ『信長と天皇』は、「本能寺の変・朝廷黒幕説」を否定します。朝廷の奥義に反するからです。その奥義とは、「待ち」です。

安倍晋三に抜かれるまで史上最長不倒の内閣を築いた佐藤栄作は、「待ちの政治家」と言われました。たとえば大臣が失言すると自分からクビを切るような真似はせず、大臣自身が辞表を持ってくるまで待つ。当然、何もしていない訳ではなく「早耳の佐藤」と言われる情報網を持ち、環境が熟すのを待つ。この手法、官庁ならどこでもやってます。「変な大臣（総理大臣の時もあり）がやってきても、いつかいなくなるまで待ち、いなくなった時の準備をしておこう」です。「内閣は永遠ではないけれども、官庁は永遠だ」が日本の官僚です。

その官僚よりも長く続いているのは、皇室です。今の官僚機構の前は太政官制ですが、その太政官制の前から皇室は存在します。どんなに軍事力を保持していても優秀な官僚機構の協力なしに統治はできないと喝破したのはマックス・ウェーバーですが、室町の奉行衆など応仁の乱から百年以上も存続しました。その官僚を超越しているのが、天皇です。ダグラス・マッカーサーは日本占領に際して、天皇と官僚を温存、利用しました。占領者に対して「自分を利用した方が得だ」と思わせることは、生き残るコツです。

そして相手が日本人なら、「皇室に手をかけたら誰に何をされるかわからない」と思わせるのは、比較的容易です（それでも、わからない野蛮人だったら破滅ですが）。

ＳＦはともかく、現実の織田信長は、権威の破壊者ではなく、秩序の改革者です。その信長と正親町天皇には、叩きさすりの駆け引きが存在したと考える方が自然ではないでしょうか。

『信長と天皇』では、信長が正親町天皇に譲位を迫る攻防が描かれます。この攻防も、「脅迫か友好か」の二択でありうるはずがありません。あまりに専門的なことに信長の専門家でもない私が立ち入るのもなんなので政治学の知見に基づく一般論に留めます。

皇室にとって、譲位ができる世の中は悲願です。しかし、なんでもいいから譲位をすればいいものではない。譲位したかった後円融天皇も、あんな形を喜んだはずがない。信長との関係、特に一五七四年の蘭奢待切り取り以降は天皇が信長を快く思っていない局面もあったのは確かなので、正親町天皇が「なんでもいいから譲位」とならなかったのは間違いないでしょう。ただ、豊臣秀吉が関白太政大臣に就任、天下統一の大勢が固まったところでの譲位に異論はなかったでしょう。

平安の初めに権力を手放し、そして中世が訪れてから、天皇は政治の当事者になりませんでした。中世における例外は、後鳥羽上皇と南朝の天皇だけです。政治の勝者の承認者に徹しました。

平、源、北条、足利、その後の豊臣・徳川と、最高権力を握った武家の全員が、武力で政敵をねじ伏せるのが必要条件で、朝廷に承認してもらうのが十分条件でした。太政大臣にしてもらった平、将軍にしてもらった源・足利・徳川、関白にしてもらった豊臣、将軍を京から招き入れた北条。やり方は様々でしたが、最後に形式的に朝廷に認めてもらう行為が、政治の勝者の証でした。信長の場合は、「三職推任」と言って、関白・太政大臣・征夷大将軍のどれかを選べと打診された直後に、答える間もなく本能寺の変となってしまいました。

実質だけなら、皇室を凌駕した権力者の方が多い。それでも皇室が守られてきたのは、先例の積み重ねで作り上げられてきた、形式です。

現在も、皇室を凌駕する権力者は存在します。民主主義によって選ばれた、内閣総理大臣です。選挙には、先例を理由もなく否定できる機能があります。国民世論や時の政権与党が「皇室を潰す」「捻じ曲げる」と本気で決意した時、止める方法はないのです。では、一時の多数決で、潰したり捻じ曲げたりして良いのか。できるからこそ、「やってよいのか」を、そして皇室を守るとはどういうことかを考えてほしくて本書を執筆しました。

終章　後醍醐天皇が大日本帝国を滅ぼした

第一節　南朝正統論はインテリから危険思想とされた

永禄二（一五五九）年十一月二十日、楠木正成の子孫を名乗る、楠木正虎が正親町天皇から赦免されました。

南北朝動乱の初動で、足利幕府が擁する持明院統の優位は決定的となりました。明徳三（一三九二）年の神器返還後も後南朝は断続的にテロを仕掛けるなど抵抗を続けていましたが、応仁の乱を最後に歴史の舞台から姿を消してしまいます。楠木一族は朝敵となっていたのですが、時代の変化です。正虎はここにはじめて「楠木」を名乗ることができ、その後は織田信長などに仕えたということです。

同時代の足利幕府の武将にとって、大楠公正成や小楠公正行は「真似したくはないけれども憧れの武士」ではありましたが、しょせんは敵。幕府が持明院統の朝廷を仰ぐ以上、楠木一族は逆賊にすぎなかったのですが、それがようやく名誉回復がなされました。

時は流れ、足利幕府が滅んだあとの江戸時代には、時代を超えて読み継がれた『太平記』が講談でも大人気。楠木正成は、スーパーヒーローとなります。

しかし、人気が出すぎた側面もあります。江戸時代の漢学である林家は史実通りに南北朝並立論だったのですが、水戸黄門が始めた水戸学は、南朝正統（せいとう）論を打ち立てました。水戸藩が総力を挙げて作った『大日本史』（一六五七年に徳川光圀が着手。完成は明治時代の一九〇六年）は、朝廷に献上を拒否されました（吉田俊純『水戸学と明治維新』吉川弘文館、二〇〇三年、二十六頁）。

当たり前です。『大日本史』は、北朝の天皇を「天皇を名乗った皇族」で言わば臣下として扱っているのですから。これでは、以後の天皇は臣下の子孫となります。江戸時代において水戸学は、多くの学者（インテリ）から時の朝廷の権威を否定する危険思想として扱われました。

江戸時代研究者の尾藤正英氏が鋭いことを言っています。わかりやすく説明すれば南朝正統論だから拒否されたのだが、そこをさらに読み解くと、神武天皇からの正統な王朝が南朝滅亡で絶え、今の北朝は新王朝だという歴史観に立っているからだ、というのです（「水戸学の特質」『日本思想大系53 水戸学』岩波書店、一九七三年）。

また、「三種の神器を持っている天皇が正統だ」という歴史観があります。この歴史観の最初は栗山潜鋒（一六七一～七〇六年）という江戸前期水戸藩の儒学者で、幕末志士たちのイデオローグになった人です。神道学者の松本丘氏の「尚仁親王と栗山潜鋒」という論文によると、栗山潜鋒の議論は当時、酷評されたそうです。平たく言うと「泥棒が三種の神器を盗んでいったらそいつが天皇になるのか」です。水戸学の人たちに限らず当時の人たちは頭がいいので、禁闕の変（一四四三年、南朝の日野有光が神璽と宝剣を奪って比叡山に立てこもった事件）などを知っているのです。潜鋒の主張は、インテリには論破されていました。

ただ一般には南朝に尽くした人々、特に正成は大人気です。幕末の志士たちは、自分たちを後醍醐天皇に仕えた楠木一族になぞらえました。

幕末の一八六三年に、「足利三代木像梟首事件」という事件が起こりました。京都の等持院という寺に足利尊氏の墓と十五代将軍の木像があるのですが、その内の尊氏・義詮・義満の木像の首が引き抜かれ三条河原に晒し首にされました。徳川に対する抗議を示すテロです。

そして討幕は実現します。後醍醐天皇以来の討幕です。

明治になり、殖産興業・富国強兵で列強に追いつけ追い越せの時代は、近代史のみならず、日本史における金字塔の時代です。明治三十八（一九〇五）年には、日露戦争で大国ロシアに完勝しました。

ここで日本人は、ペリー来航以来の緊張の糸が切れたようになってしまいました。そして歴史認識が蒸し返されます。

第二節　南北朝正閏論争、なぜ日本人はこんなに愚かになったのか

日本では、昔のことはあまり問題にはなりませんが、唯一の例外が南北朝時代です。明治四十四年、南北朝正閏論争が発生します。要するに、「南北朝時代の正統な皇室はどっちなのだ」との論争です。

南北朝正閏論争についての本格的な研究は、日本近代史の専門家の千葉功氏による『南北朝正閏問題―歴史をめぐる明治末の政争』（筑摩書房、二〇二三年）だけです。事実関係は同書によります。

明治四十年、幸徳事件が起こりました。幸徳秋水というアナーキストが、明治天皇暗殺未遂事件を引き起こしたのです。その裁判で幸徳が「今の天皇は南朝の正統の天皇を騙して三種の神器を奪い取った北朝の子孫ではないか」と発言したのが、秘密法廷であるにもかかわらず世間に漏れました。世間は動揺します。

さらに当時の教科書検定作業で文部省の役人が「この時代は南北に朝廷が並立してい

た」と書きました。これが議会で取り上げられ、政争の具になり、時の桂太郎内閣を揺さぶる大騒動になります。

山県有朋は、国民が好き勝手に「どっちの皇室が正統か」などと議論する、百家争鳴の状況そのものに怒り狂っていました。

野党第一党の国民党は内閣不信任決議を提出、第一党で与党の政友会は反論せず静観を決め込み。数の力で不信任は否決されるのですが、「逆賊の北朝を持ち上げる桂は、権力で世論を圧殺した」と言論界で盛り上がります。ちなみに政友会の原敬は、政局の駆け引き上でこういう態度をとり、目論見通りに桂は窮地に陥るのですが、「並立と書くのは不穏当である」と日記に残しており、本音は南朝正統論です。

前書『南北朝正閏問題』の最後のページに「言説分析限定一覧」が掲載されています。こうした状況の中で北朝正統論を言っているのは二人だけでした。一人は浮田和民、もう一人は吉田東伍です。他に三上参次という歴史学者は南北並立を論じて頑張りました。

同著には、文学者の主張も色々と紹介しています。夏目漱石はさすがに正気です。南朝正統論の本を贈られ、一切中身には触れずに形式的な礼状を認めつつ、追伸の中で、「さほどにもこれなく思われ候が如何にや」（後醍醐天皇の筆跡はたいして上手とは思わないのですがどう思います？）と書きました。漱石の本音はここに明らかで、安心します。

幸田露伴は、「学界の通説になっていないことを文部省の官僚が書くのはダメなのでは」と、まったくＴＰＯを無視した正論を言っています。要するに、議論から逃げました。森鷗外は南朝正統論者に担がれます。鷗外自身も出世欲があったものですから、関係の深かった山県有朋に近づくために利用されたりしています。

北朝正統論者は二人しかおらず、孤立無援。比較的正気の人は両朝並立論。圧倒的多数は南朝正統論でした。

南朝正統論の人たちを並べておきましょう。大隈重信、高島鞆之助、犬養毅、井上哲次郎、穂積八束、三宅雪嶺、牧野伸顕、黒岩涙香、澤柳政太郎、佐藤鉄太郎、江木翼、黒板勝美といったところです。日本近代史に詳しい人なら「なんで、こんなマトモな人まで」と、そうそうたる面々が南朝正統論を絶叫しています。ここにさらに原敬や山県有朋を加えても良いでしょう。

かくして衆寡敵せず。「三種の神器を持っていれば泥棒でも正統な天皇なのか。禁闕の変はどうなる」「今の皇室は北朝の子孫なのだが、否定する気か」「現実に皇室として存在し、儀式を行い、伝統を守ってきたのは北朝なのだが」「臣下の道徳としては正成と尊氏は比べるまでもないが、それと皇室の正統性は別問題だ」といった正論は、「三種の神器だけでなく道徳的にも南朝が正しかった」「楠木正成が仕えた後醍醐天皇を偽物と言うのか」といった議論にならないヒステリーにかき消されました。

南朝は「吉野朝」と呼ばれます。

後醍醐天皇の悲願は、五百年の時を経て達成されました。

第三節　なぜ正論が通らないのか

日露戦争の勝利からたった五年、どうしてここまで日本人は愚かになったのかと不思議に思います。とはいうものの、皇国史観が戦後に一掃された後でも、南朝正統論は修正されなかったのですが。

戦後の歴史学はさらに斜め下に堕落し、『岩波講座日本歴史』（岩波書店）では、「8巻：中世3」をはじめとして、「足利幕府正統論」らしき論も見えています。もはや正統の対象が、朝廷ですらなくなっています。確かに、江戸時代前期の学者である山鹿素行が『武家事紀』で、新井白石が『読史余論』で、朝廷から武家への王朝交代と言えなくもないような言説を行っていますが、それを一緒に並べたら怒られるでしょう。

山鹿素行や新井白石は、現実に江戸幕府が権力を握っている時代の中で、徳川家こそが公であるから、朝廷を隠したいのです。左翼歴史観は東国国家論者にマルクスを交ぜたゲテモノで、今やマルクスを言えなくなってきたので東国国家論の理屈で朝廷の権威をこれでもかと否定し、「現実の権力を握っている者が正統だ」と足利幕府正統論のような論説を持ち出します。当時の朝廷などは何かの間違いで残ってしまったもの扱いです。これについては、「論評に値しない」で終わりです。

南北朝正閏論争を経て、三種の神器を持っている方が正統であり、三種の神器の所在だけではなく、道徳的に南朝の方が優れていたので正統であるという歴史観が定着します。これ、幸徳秋水の主張が正しかったと認めるようなものです。現実の皇室は、「臣下の子孫」「詐欺師・泥棒の子孫」になってしまいます。

最終的に、枢密院で南朝正統論が決まります。明治天皇は「天皇号」「墓陵」「祭祀」等、すべてを従前と同じよう歴代天皇として扱うよう条件をつけました。そして、光厳・光明・崇光・後光厳・後円融の五代の天皇は、歴代天皇の代数から外されたものの、「偽」ではなく「閏」としました。明治天皇、本音では狂った論争を苦々しく思っていたのでしょう。臣下が正式な手続きで決めたことを覆せない、立憲君主として最大限の抵抗と言うべきです。

憲政史研究者として近現代史を研究してきた私の主要な関心は、「なぜ日本は正論が通らない国なのか」です。かつては通った国でした。そうでなければ、明治維新も、目覚ましい近代化も、日清日露戦争の勝利もありえません。ところが、日露戦争からたった五年。正論が封殺される南北朝正閏論争が起こります。

別に私は本気で「後醍醐天皇が大日本帝国を滅ぼした」とか呪いを信じている訳ではありません。生き残り勝つ為なら手段を選ばず常に最善を尽くした楠木正成と似ても似つかない戦法を強いた大戦末期の為政者が「楠公精神」だの「菊水作戦」だのを語る愚かさこそ糾弾せねばならないと申し上げているのです。

何度でも繰り返しますが、まだ見ぬ未来の子孫の我々の為に特攻隊で死んでくれた方々は絶対に貴い。しかし、そのような作戦を強いた軍上層部、そこまで絶望的になるまで何もできなかった為政者たちは、絶対的に醜い。糾弾されるべきであるし、反省こそが歴史学の使命です。

如何なる皇国史観の狂信者とて、楠木正成を死なせた坊門清忠を免罪することはなかったはずなのに、なぜ?

第四節　皇室の未来

最後に超難解な話を。皇室の未来についてです。

現在、次世代の男性皇族は悠仁親王殿下だけです。悠仁殿下が多くの子宝に恵まれるならば、何も考えなくとも安泰です。

しかしそもそも、お妃探しだって大変です。今の日本には、室町の京雀よろしく、「次の国母様」が相手ならば何をやっても良いと勘違いしている輩が溢れています。今は紀子様バッシング、その前は雅子様、さらにその前は美智子様。悠仁殿下のお妃になられる方をお守りする方法を考えておかねばなりませんが、それは別の話。

絶対に子供が生まれる保証など、どこにもないのです。世襲である皇室の伝統を続けるからには、何重もの備えをしなければなりません。

そこで政府が提案しているのが、旧皇族の男系男子孫の皇籍取得です。その時点での皇室の直系に後継者がおられない場合、傍系継承で皇統を存続させてきました。古代の継体天皇や光仁天皇しかり、中世の後花園天皇しかり、近世の光格天皇しかり。

兄弟継承、叔父甥継承は数知れず。

現在の旧皇族の源流は、後花園天皇の出身の伏見宮家です。本来、皇位を継がない皇族は五世以内に皇室を出ていかねばなりませんが、乱世の中で皇族数の減少に苦慮された後花園天皇は弟の貞常親王に、「伏見宮家を永世御所として許す」勅命を下されました。そして、江戸に四親王家の一つとして残り、近代でも帝国憲法の時代のみならず、日本国憲法の期間でも皇族でありました。そして占領軍により皇族の地位を剥奪されました。その方々に、本来の皇族の身分を取り戻していただこうとの提案が、政府案です。

他人様の人生に、ましてや皇族の方々のことをとやかく言うのは恐れ多いですが、もし内親王殿下が皇籍取得された旧皇族の方とご結婚されれば、宮家が一つか二つ増えます。佳子殿下や愛子殿下が皇籍取得された旧皇族の方々とご結婚していただければ、「皇族と皇族の結婚」です。もっとも、佳子殿下にも愛子殿下にも、ご自身のご人生がありますからとやかくは言えませんが。

仮に悠仁殿下にも、内親王殿下と旧皇族の方との新宮家にもお世継ぎが生まれない場合は、どうするか。その時の備えとして、内親王殿下とのご結婚以外の方法で、何人かの旧皇族の男系男子孫の方に皇族になっていただき、そのお子様に皇位を継いでいただくことになります。

さて、この三段構えの二番目・三番目の方策になった場合、つまり悠仁殿下から正統（しょうとう）が移る場合です。旧皇族の男系男子孫の直接の祖は、北朝第三代崇光天皇です。後花園天皇から続いてきた正統（しょうとう）は移ります。

南朝から北朝へ

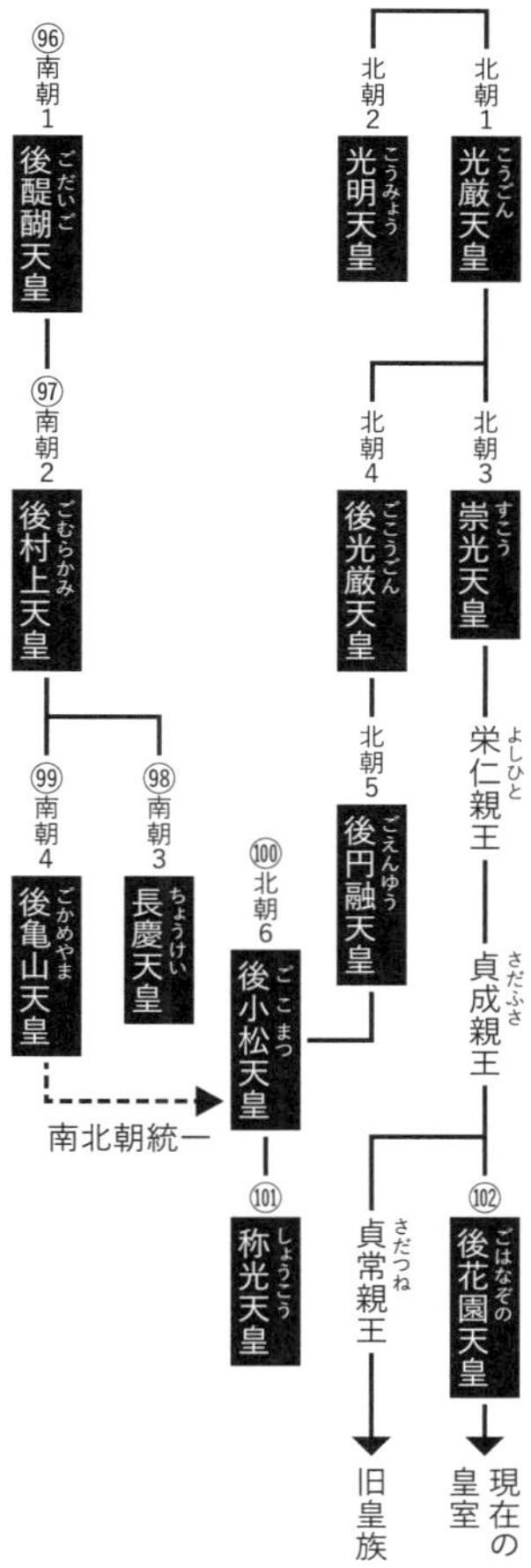

現在、南朝の天皇が正統（せいとう）とされています。しかし、その子孫が皇位を継承した訳ではありませんので、後醍醐天皇から後亀山天皇までの誰も、正統（しょうとう）ではありません。正統（しょうとう）は北朝の天皇です。

後花園天皇の前の、正統（せいとう）にして正統（しょうとう）の天皇は、後伏見天皇です。後伏見天皇の後、光厳・崇光の両天皇は正統（せいとう）ではないけれども正統（しょうとう）です。皇位を継がなかった栄仁・貞成の両親王と同じです。

仮に第二・第三の場合だと、後花園天皇以来の歴代天皇が正統（しょうとう）から外れます。不吉ですが、悠仁殿下にお世継ぎが生まれなかった場合の不吉な事態なので、本来は無い方がいいに決まっている事態ですが、仕方ありません。これが好ましくないからと、皇室とは赤の他人の民間人の男を皇族にする女系天皇論を唱える人がいますが、論外です。そういう人は「相対評価」って言葉を知らないのでしょう。

仮に、後花園天皇以降の歴代天皇が正統（しょうとう）から外れると、貞常親王が正統（せいとう）ではないけれども正統（しょうとう）になります。

さて、旧皇族の直接の祖の崇光天皇を、正統（しょうとう）だけれども正統（せいとう）ではない扱いにしたままでいいのでしょうか。南朝正統（せいとう）論が出てくるまで、崇光天皇は正統（せいとう）にして正統（しょうとう）な天皇だったのですが。

もっともその場合でも、後伏見天皇が正統（せいとう）にして正統（しょうとう）の天皇であるのは変わりありませんが。

近年の私は、皇室史学者を名乗って、（一社）救国シンクタンク理事長兼所長として、皇位継承問題で与野党要路者に提言を行っています。

遅々としてではありますが、あるべき姿に向かってはいます。しかし、取り組まねばならない問題は多々あります。

このような問題に取り組むうえで、「近現代だけのことを知っておけばよい」にはならないのです。

おわりに

何を守れば、皇室の伝統を守ったことになるのだろうか。

古代の終わりの平安時代に、天皇は権力を手放した。皇室を凌駕する権力者など、いくらでもいた。中世、多くの権力者が武力で皇室を脅かした。しかし、その誰もが皇室を潰せなかった。三種の神器を欠いた天皇は何人もいた。鎌倉の初めには、もはや三種の神器の保持は皇位継承の絶対条件ではなくなった。また、祈りたくても祈れない幼帝が多く出現したし、戦国には多くの儀式が断絶した。

それでも皇室は続いてきた。「これさえやっておけば安心」などという万能の方策はない。その時代、その時代で、「皇室を続けたい」とする人々の意志が勝ったので、皇室は続いてきた。絶対に勝てるなどという保証は、どこにもなかった、奇跡である。

奇跡が、神武天皇の伝説以来二六八四年も続いてきた結果、何が残ったか。皇位の男系継承である。男系継承とは、皇統に属さない男子を、皇室に入れないことである。一度も例外はない。では、この一度も例外が無く世界最長で続いてきた伝統を守るのか、否か。

伝統とは、先例の積み重ねで成立してきた。皇室の先例は杓子定規に再現するのではなく、「准じて、時代に合わせて変えて、大枠を守る」ことで、運用されてきた。だから時代遅れにならずに、変質しながらも本質は守られてきたのである。一般の「先例墨守」とは、まったく意味が異なるのである。

いわゆる先例墨守がまかり通る場合、組織が、時に世の中全体が硬直する。いったん確立した先例の変更は、独裁者であっても難しい。その独裁者の地位が、先例によって認められている場合すらある。こうした先例を変えてよい、近代の発明品が「議会」である。選挙とは「内戦」の代替物である。選挙に勝利したとは、内戦に勝利したと同じ事なので、権力の正統性が認められる。内戦の勝利者が占める議会は、「何をやっても良い」存在である。だから、先例を変えても良いし、伝統も壊して良い。

その顕著な例が、フランス革命である。フランスは一回の多数決で、王制の廃止と国王一家の処刑を決断した。後悔したが、取り返しはつかない。民主主義とは、危険な発明品でもあるのだ。

そもそも、内戦や選挙に勝ったことと、正しいことは無関係である。だから、近現代の議会政治において多くの国は、最終的な多数決の前の話し合いを重視する。その話し合いにおいて、「変えてはならないこと」が重視される。たとえばイギリスでは、「王制を廃止してはならない」とはどの法律にも書いてないが（そもそも統一的憲法典が無い）、慣習法において禁止されている。

我が国において、帝国憲法の時代には「皇室は憲法制定以前から存在する。憲法は皇室の存在を確認するのみ」は全員の合意だったが、現行憲法では「国民の総意、すなわち一《いっ》時《とき》の多数決によって天皇制を廃止して良いし、いかようにも作り変えて良い」と主張する論者もいる。要するに、「先例などどうでもいい」との立場だ。

仮に日本人の多数が「皇室など、どうなっても良い」と決めた時、皇室は生き残れないだろう。だが、今までは違った。皇室を守りたい人の意思が勝ってきたからだ。では、今後も勝ち続けるには、どうしたらよいか。その回答が本著である。

日本人の過半数が「男系継承死守と女系天皇容認」「女性天皇と女系天皇」の違いを理解するなど、ありえない。しかし、一定数の心ある人々が、皇室について深く知り、強く意志を持てば、ご先祖様が守り抜いてきた日本の国体を未来の子孫に受け継げると信じて筆をとった。

本書で扱った中世史は、皇室にとって暗黒の時代と言って良い。だが、すべての波乱に絶え、今に続いている。そこに皇室を守り抜く奥義が潜んでいる。歴史は知恵の宝庫だ。

一人でも多くの人が本書をきっかけに、広く深く知り、強い思いを持ってくれれば、成功である。

前作に続き、倉山工房の尾崎克之さんにアシスタントをお願いした。本当はもっと使いたい部分も多かったのだが、尾崎さん得意の日本文学の部分は、泣く泣くカットの憂き目にあった。どこかで日の目を見ないかと企んでいる。

扶桑社の北岡欣子さんには、締め切りの関係で大迷惑をかけた。何度も心臓がとまるような思いをさせてしまったのではないかと、心配になる。

皇室の事に関して発言するのは文字通り命懸けだが、それを覚悟でついてきてくれる仲間に感謝を込めて、筆をおく。

倉山　満（くらやま　みつる）

1973年、香川県生まれ。皇室史学者。憲政史研究者。救国シンクタンク理事長兼所長。1996年、中央大学文学部史学科を卒業後、同大学院博士前期課程を修了。在学中より国士舘大学日本政教研究所非常勤研究員、2015年まで同大学で日本国憲法を教える。コンテンツ配信サービス「倉山塾」を開講、翌年には「チャンネルくらら」を開局し、大日本帝国憲法や日本近現代史、政治外交について積極的に言論活動を展開している。主著にベストセラーとなった『嘘だらけの日米近現代史』をはじめとする「嘘だらけ」シリーズがあり、本書はシリーズ十作目となる。そのほかにも『13歳からの「くにまもり」』を代表とする保守五部作（すべて小社）などがある

扶桑社新書 508

嘘だらけの日本中世史

発行日 2024年11月1日　初版第1刷発行

著　　者………倉山　満
発 行 者………秋尾 弘史
発 行 所………株式会社 扶桑社
〒105-8070
東京都港区湾岸1-2-20 汐留ビルディング
電話　03-5843-8194（編集）
03-5843-8143（メールセンター）
www.fusosha.co.jp

DTP制作………Office SASAI
印刷・製本………株式会社 広済堂ネクスト

Printed in Japan　ISBN 978-4-594-09896-4